本书的出版得到 2017 年度国家社会科学基金项目

"长沙铜官窑遗址考古资料的整理与研究（2010-2016）"

（批准号 17CKG012）的部分资助

焰 红 石 渚

——长沙铜官窑遗址 2016 年度考古发掘出土瓷器

湖南省文物考古研究所 编著

文物出版社

图书在版编目（CIP）数据

　　焰红石渚：长沙铜官窑遗址2016年度考古发掘出土瓷器/
湖南省文物考古研究所编著．－北京：文物出版社，2018.6
　　ISBN 978-7-5010-5587-6

　　Ⅰ．①焰…　Ⅱ．①湖…　Ⅲ．①瓷器（考古）－长沙－
唐代－图录　Ⅳ．①K876.32

　　中国版本图书馆CIP数据核字（2018）第095785号

焰红石渚——长沙铜官窑遗址2016年度考古发掘出土瓷器

编　　著：湖南省文物考古研究所

装帧设计：秦　彧　唐海源
责任编辑：秦　彧　唐海源
器物摄影：宋　朝
责任印制：苏　林

出版发行：文物出版社
社　　址：北京市东直门内北小街2号楼
邮　　编：100007
网　　址：http://www.wenwu.com
邮　　箱：web@wenwu.com
经　　销：新华书店
印　　刷：北京荣宝燕泰印务有限公司
开　　本：889mm×1194mm　1/16
印　　张：14.5
版　　次：2018年6月第1版
印　　次：2018年6月第1次印刷
书　　号：ISBN 978-7-5010-5587-6
定　　价：300.00元

目 录

长沙铜官窑遗址 2016 年度石渚片区发掘收获
——兼谈长沙窑高温釉上彩工艺

张兴国（湖南省文物考古研究所）

长沙铜官窑遗址位于今长沙市望城区铜官街道彩陶源村南与石渚湖村北的石渚湖沿岸一带，石渚湖南北两岸分布有大量唐五代窑业遗存，学界多简称其为长沙窑。

2016 年 3 月～ 2017 年 4 月，为配合长沙铜官窑国家考古遗址公园配套服务设施项目的建设，湖南省文物考古研究所在遗址公园南约 1 千米石渚湖村的石渚片区进行了抢救性考古发掘，发掘面积 2275 平方米。石渚发掘区属于长沙铜官窑遗址保护范围和建设控制地带以南的环境协调区，据以往考古调查发掘工作成果，该区域历史遗存丰富，不仅有与长沙铜官窑遗址保护范围内共时的唐五代窑业遗存，也有明清时期的窑业与生活遗存，只是由于该区域近现代建筑活动频繁，历史遗存保存状况不佳，而未被列入长沙铜官窑遗址的保护范围，但"石渚"二字对长沙铜官窑遗址而言具有特殊的历史意义，它是将人们带入长沙铜官窑遗址历史现场的一个关键词（图 1、2）。

一　历史上的石渚

"石渚"通常解释为水中的石质小洲，石渚湖村的石渚在 20 世纪 60 年代修建湘江河堤之前，也是石渚湖西南一处高出水面的石质小洲，西面与湘江之中的蔡家洲隔江相望。北魏郦道元已经注意到了石渚湖的地貌特征，《水经注》卷三十八记载，"湘水右岸，铜官浦出焉。湘

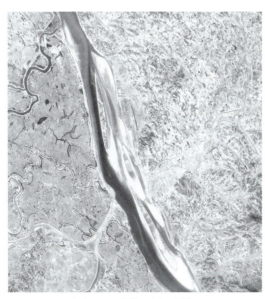

图 1　石渚卫星照片

图 2　长沙铜官窑遗址石渚片区地貌

水又北径铜官山，西临湘水，山土紫色，内含云母，故亦谓之云母山也。"《水经注》中的"浦"是指江河与支流的汇合处，铜官山之南的石渚恰有河流汇入湘江，今名彩唐溪，河水源自湘阴青山庵，西南注入湘水，"铜官浦"应即石渚湖。"石渚"之名最早见于唐代澧州诗人李群玉的《石潴》一诗，诗中可以看到当时窑业生产的热闹场景："古岸陶为器，高林尽一焚。焰红湘浦口，烟浊洞庭云。迥野煤飞乱，遥空爆响闻。地形穿凿势，恐到祝融坟。"石潴即石渚，李群玉应该亲临过石渚窑场，不然不会有那么细致入微的描述，诗中的"湘浦口"应是当年的石渚湖。李群玉活跃于9世纪中期，也就是说，至迟在9世纪中期前后，这里的地名已是"石渚"，这里繁荣的制瓷业已引起了当时诗人们的关注。著名的"黑石号"沉船所装载的长沙铜官窑外销瓷器中也有一个书有"湖南道草市石渚盂子有明樊家记"的题记碗，这证明9世纪的石渚是一个以生产瓷器而享誉海内外的草市。不管是历史文献还是出土文物都已确切证明，今天的长沙铜官窑遗址在9世纪是以"石渚"闻名于世的，早在9世纪20年代石渚湖两岸已经形成了规模庞大的陶瓷草市。

五代以后石渚的制瓷业逐渐衰败了，因而未见宋代的窑业遗存，但石渚仍是一处重要的人类聚居区，在长沙铜官窑遗址表面常见有宋元时期铜钱、瓷器残件等遗物，明清时期石渚窑业再度兴起，出现以老窑上为中心以生产缸、罐为主的窑场，并再次形成了一个颇具规模的集市"石渚市"。据望城文史资料记载，1992年在石渚南约1.5千米的石门矶路段江堤内侧挖出一块光绪二十八年（1902年）的汉白玉石碑，其上有"石渚市"字样，碑文内容为长沙县衙整顿市场秩序的条规告示，地方志中也有"石株市"的记载，石渚市在清末和民国初年时仍十分繁荣，码头、街道、店铺、寺庙等一应俱全，主要居民有舒、甘、李三大姓氏，其中舒姓还组成一实力雄厚的石渚船帮，并牵头联合善化、湘阴、浏阳、澧县的船户组成一个五合一的大船帮。

二　历年在石渚开展的考古工作

1956年湖南省文管会进行文物普查工作，在铜官镇石渚湖北岸的瓦渣坪发现了烧制彩瓷的窑址，从此，石渚便进入了文物工作者的视野，但此后对长沙铜官窑遗址的考古工作主要集中在窑业遗存分布密集的石渚湖北岸一带，而石渚湖南岸的石渚却未引起足够的重视。

1964年冬至1965年春，在石渚水利工程进行修筑石渚新河时，大片古代窑址堆积遭到破坏，湖南省博物馆周世荣先生前往石渚做了抢救性的调查和发掘工作，除了在窑业堆积密集的瓦渣坪一带开展工作之外，周先生还在石渚湖南岸的石渚、罗家园、游船咀、老窑上等地发现了窑址，周先生注意到了石渚为水中陆地的地形特征，并在工作报告中将窑址称为"石渚长沙窑"[1]。

1978年1月和11月，长沙市文化局文物组前后两次配合石渚湖整修堤垸，对施工范围内的窑址作了进一步调查，历时50天，实测了石渚湖两岸的窑址分布图，在有纪年铭文器物出土的地点发掘了两条探沟，清理了2座废弃龙窑，出土器物1928件。本次考古工作对于石渚湖南岸的石渚窑址有简略记述，石渚是当年围垦石渚湖的江防大堤的起点，破坏严重，尚可见龙窑残迹，在石渚采集标本38件，器物种类有碗、盘、碟，有釉下彩、碗内底中心彩绘盘，多单色，少数彩绘[2]。

1983年3～12月，湖南省博物馆与长沙市文物工作队组成了长沙窑联合发掘小组，对长沙窑窑址进行了科学发掘，发掘面积760平方米。发掘小组把长沙窑分为铜官区、古城区和石渚区，发掘工作集中在石渚湖北岸的古城区，对石渚区也有简略介绍。报告认为，石渚系石渚湖南岸临湘江的一片台地，原为一古老小镇，当年犹存几家铺面，依稀可见旧貌，台地西南边沿临江处仍保存一窑包，周围尚有数座龙窑残迹，遗物中多青釉碗、碟，少见彩绘器物[3]。

2006 年 4～5 月，为配合长沙铜官窑大遗址保护规划，长沙市文物考古研究所、长沙铜官窑遗址管理处、望城县文物管理所联合组成调查勘探队，对长沙铜官窑遗址的范围和遗迹分布展开了调查勘探。调查工作除勘探了窑址分布区及匣钵瓷片堆积区外，还划定了包括居住区、作坊区、挖泥洞区、市场交易区、存货区、码头区、墓葬区等众多与窑址有关的遗迹分布区域，为做好遗址保护规划提供了较准确的依据。遗憾的是，石渚湖南岸分布有窑业遗存的石渚等地并未纳入此后的遗址保护规划。

2010～2011 年，为配合长沙铜官窑国家考古遗址公园建设，湖南省文物考古研究所组织考古队对遗址进行了重点勘探，发现不同时期的窑址 77 处，其中唐五代窑址 57 处，框定了石渚湖的大致范围，在石渚发现 2 处窑业堆积区，确认了石渚湖南面窑区的存在，明确了遗址作为一个以石渚湖为中心的瓷业草市聚落的性质[4]。

2015 年 3 月，为配合长沙铜官窑国家考古遗址公园配套服务项目一期工程建设，湖南省文物考古研究所组建考古队进场在工程范围内开展文物调查勘探工作，在石渚一带发现一处受工程影响的唐代窑址，这也是 2016 年度我们在石渚进行抢救性考古发掘工作的缘起。

三　2016 年度石渚发掘区考古工作的主要收获

2016 年 3 月，湖南省文物考古研究所启动了长沙铜官窑遗址石渚片区的考古发掘工作。发掘工作首先在石渚的易家坪进行，揭露面积 575 平方米。该区域表层近现代建筑垃圾中混杂有大量长沙铜官窑窑业遗物，包括大量瓷器残件和一些匣钵、火照等窑具，瓷器器类有碗、壶、盏、碾槽、碟、罐等，釉色以青釉为主，少量乳浊白釉，装饰技法有青釉诗文、青釉褐绿彩绘等，多见青釉褐绿彩绘花鸟纹瓷碟残片，彩绘精炼生动。这些标本所使用的制瓷技术和瓷器产品与石渚湖北岸一带谭家坡、陈家坪、瓦渣坪等窑场之间并没有显著区别，证实石渚窑场是长沙铜官窑遗址的有机组成部分，甚至在整个"草市石渚"的产销体系中占据着很关键的位置。历年的基建工程对该区域原始地貌造成了相当严重的破坏，易家坪未发掘到与窑址同期的原生地层堆积，当地村民反映当年兴修石渚机台和湘江大道时都挖出过许多窑业遗物。

除了长沙铜官窑唐五代窑业遗物之外，易家坪发掘区还获取了不少明清时期的遗物，以青花瓷为主，器类多为碗、杯、盘残件，以小型器为主，可辨识的文字款识有"大明成化年制""大明年造""万福攸同""大清雍正年制""佳器""福""贵""寿"等，纹饰主题有葡萄、蕉叶、缠枝花草、菊花、凤鸟、蝗虫、鱼、花瓶等。这批遗物中既有粗糙的本地青花瓷，也不乏可能来自景德镇的精细青花瓷，从侧面证实了明清时期石渚市的热闹与繁华。

2016 年 7 月，继续在石渚易家坪之南的樊家坪扩大面积进行发掘，揭露面积 1700 平方米，发掘灰坑 25 个、灰沟 2 条、墙基 2 处、炉灶 2 处、房基 1 处。此次考古发掘为拓展长沙铜官窑遗址的历史文化内涵提供了新资料。现择要介绍石渚樊家坪发掘区的地层堆积情况和主要遗迹、遗物（图 3、4）。

图3　石渚鸟瞰

（一）地层堆积

石渚樊家坪发掘区文化层之下的原始地貌西南、东南、西北均高，形成一条东北走向的缓坡冲沟，冲沟内地势最低，文化堆积层也最厚，达2.30米。发掘区文化堆积可分为早、中、晚三期，晚期堆积主要为明清至近现代的建筑和生活垃圾，中期堆积主要为长沙铜官窑取泥、制瓷活动遗存及其废弃堆积，早期为少量汉六朝时期活动遗存。现以发掘区中部堆积较厚、较完整的

图4　长沙铜官窑遗址石渚发掘区航拍

TN08E07、TN07E04等探方为例介绍堆积情况。

第①层：灰夹黄色砂质黏土，厚0.55～0.80米，致密，全方分布，包含有现代垃圾、青花瓷片和长沙窑瓷片，为近现代建筑和生活堆积层。该层下有较多明清时期墙基、柱础石、房基等建筑遗存。

第②层：黄色黏土，最厚约0.80米，致密，全方分布，局部呈多层饼状叠压，出土有青花瓷片、少量长沙窑瓷片和匣钵，为明清建筑垫土层。

第③层：灰黑色粗砂土，局部夹有黄土块，最厚约0.50米，土质松散，全方分布，出土少量的青花瓷片、长沙窑瓷片，为明清时期生产生活废弃堆积。

第④层：灰褐色沙质黏土，夹杂有较多的红烧土颗粒状斑块，最厚约0.30米，疏松，出土

有大量的长沙窑瓷片、匣钵等遗物，是唐五代石渚窑业废弃物。该层下有挖泥洞等较多坑，坑内多填埋窑业废弃物。

　　第⑤层：灰黄色泛青沙质黏土，最厚 0.40 米，较致密，出土有长沙窑瓷片、匣钵等遗物，有碗、碟、壶、罐等，施青釉、酱釉或乳白釉绿彩，常见装饰技法有褐绿彩绘、贴花等。

　　第⑥层：青灰色沙质黏土，最厚约 0.60 米，较致密，出土有较少的六朝时期青瓷片、青砖和极少量长沙窑瓷片。

　　第⑥层之下为黄土层，有少量汉六朝时期灰坑和柱洞，出土有青釉平底碗、钱纹罐残片等青瓷残件。

（二）遗迹

　　此次发掘较重要的遗迹有 H4、H10（图 5 ～ 7）、H20（图 8）、H21、H23（图 9）、H24。 其 中 H4、H10、H20 为开口于④层下的唐五代挖泥坑，在坑体周边散布着一些无显著规律的柱洞，应是挖取瓷泥时留下的活动遗存。H21、H23、H24 为开口于⑥层下的汉末六朝时期遗存。现简要介绍其中的 H10、H20 与 H21。

　　1. H10

　　位 于 TN17E02 东 南 与 TN07E03 西 南 之 间， 开 口 于④层下，打破⑤层。坑口呈不规则圆形。坑口距地表深 0.80、坑口长 3.28、宽 1.90、坑深 1.40 米，坑底略呈圆形，直径 0.84 米。坑壁和坑底均不光滑，未见人工修整痕迹，坑底部为网纹红土和白色瓷土矿。坑内堆积可分六层：

　　第①层：灰褐色沙质黏土，平均厚约 0.20 米，疏松，含有大量匣钵、红烧土和少量长沙窑瓷片。

　　第②层：黄灰色黏土，平均厚约 0.05 米，较致密，

图 5　H10 遗物出土工作照

图 6　H10 遗物出土照

图 7　H10 ④层出土火照

图 8　H20 坑底瓷土矿洞

图 9　H23 出土青瓷、硬陶残件等遗物

较纯净，局部分布，未见人工遗物。

第③层：灰褐色沙质黏土，平均厚约 0.40 米，较致密，夹杂较多红烧土粒、炭屑，出土大量长沙窑瓷片和可修复的长沙窑瓷器残件。该层下坑口急收，在坑西南形成一个二层台面。

第④层：灰白色黏土，夹杂白色瓷泥，平均厚约 0.06 米，致密，黏性重，局部分布于坑的东北侧，含有少量红烧土、炭屑和长沙窑瓷片。

第⑤层：浅灰色沙质黏土，平均厚约 0.50 米，较致密，出土有褐斑彩绘鸟纹碗、瓷塑龟、瓷塑鸟、砚台、青釉露底碟等长沙窑瓷器残件。

第⑥层：灰黄色粉质黏土，夹杂白色瓷泥，平均厚约 0.35 米，较致密，出土有长沙窑酱釉龙鋬壶、青釉碗，少量岳州窑印花与刻花瓷片。

2.H20

位于 TN18E03 北靠中，开口于④层下，打破⑤层。坑口近圆形，坑口距地表深 0.80、坑口长 2.30、宽 2.00、坑深 2.52 米，坑底长 2.82、宽 1.64 米。坑壁上部斜敞，下部陡直，壁面不光滑，有垮塌迹象，坑底较平整，呈不规则方形，坑底为网纹红土和瓷土矿带。坑底西面和南面向内延伸形成矿洞，其中西面矿洞向内延伸幅度较大，深约 1.10 米，南面矿洞略微向内延伸。在洞口处各有 2 个已朽坏的木桩，西面洞口木桩间距 0.72 米，南面洞口木桩间距 0.70 米。H20 应是挖取瓷泥而形成的，东西向剖面呈鞋状。坑内堆积可分三层：

第①层：窑业废弃堆积层，厚约 1.40 米，主要为高约 0.07 米的匣钵残块，少量长沙窑瓷片，以碗、碟残片为主，出有典型的长沙窑玉璧底碗、彩绘瓷片。

第②层：黄色网纹花斑土，夹杂网纹红土和白色瓷土，厚 0.60 米，较致密，较纯净，含极少的长沙窑青瓷片。

第③层：窑业废弃堆积层，厚约 0.30 米，主要为破碎的匣钵残片，破碎程度较①层高，含少量长沙窑青瓷碗底残片，全坑分布，且延伸至坑西侧的袋状矿洞内。

3.H21

位于 TN18E04 北部，开口于⑥层下，坑口呈圆形，直径 1.20、坑深 0.20 米，呈平底锅状，坑内堆积为灰黑色沙质黏土，与⑥层土相近，坑内出土了 6 个青釉平底碗，具有东汉～西晋时代特征。

（三）遗物

此次发掘获取了大量不同时期的遗物,质地有瓷、陶、铜、铁、石等类别,其中瓷器占90%以上,主要为汉唐、明清时期的遗物。现着重介绍其中的中晚唐长沙窑遗存与汉唐时期岳州窑类型青瓷。

中晚唐长沙窑遗存为石渚窑业的废弃物,主要出土于发掘区的第④、⑤、⑥层和④层以下的灰坑、挖泥洞等遗迹之中,包括大量匣钵、较多火照、极少的垫饼、垫圈等间隔具,少量窑砖,同时也出土了大量瓷器残次品,主要器形有碗、盏、碟、执壶、罐、盆、洗、碾槽、碾轮、瓷塑动物、枕、器盖、器座、漏斗、炉、网坠、纺轮、水注、擂钵、灯盏、印模、砚台、盒等。瓷器大多为青釉素面,较多青釉褐绿彩绘瓷碟和碗,少量酱釉和白釉绿彩器,偶见褐斑贴花器、诗文残器、褐绿点彩残片。

这一批遗物以画工精炼的青釉褐绿彩绘瓷器独具特色,彩绘器有碟、碗、盘、盆、洗等器形,其中彩绘大盘的造型与装饰尤为独特,以往罕见,数量又以彩绘碟最多。这类瓷碟多做花瓣状敞口,浅腹,碟心平收,矮环足,在碟心用褐、绿两彩勾绘各种纹饰,褐彩绘经络,绿彩绘轮廓,彩绘纹饰有莲花、童子、花鸟、云气等主题。此外值得注意的是,石渚发掘区出土的褐斑彩绘碗,其形制与黑石号所见褐斑彩绘碗无异,在碗口沿对称的施四块褐斑,碗内用褐绿两彩绘鸟纹、云气纹等。大量火照的出土则可以证明石渚窑区工匠们对产品品质的重视,让我们窥见了中晚唐时期石渚瓷器畅销海内外的部分奥秘(参见图版)。

汉唐时期岳州窑类型青瓷主要出土于⑥层和⑥层下的少量灰坑之内和黄土面之上。采集标本有青釉平底碗、四系罐、钱纹罐残片、盘口壶残片、饼足杯、平底碟、莲瓣纹碗等。这些遗物说明从汉代以来石渚便是一处重要聚居地,尤其值得注意的是一批汉唐时期岳州窑类型青瓷器的出土,虽然未发现该时期的窑具,但残次变形青瓷器的出土提示这里并不是普通聚落,可能存在同时期的青瓷窑址。比如,青釉四系罐 TN17E01 ⑤：4,该罐形制常见于汉末三国时期,口部扭曲变形,肩腹部有粘疤和落渣,釉面严重剥落,这些都是窑址残次品的常见缺陷;生烧平底碗 H21 ①：3 常见于三国西晋时期;又如,饼足小盅 H18 ①：3,该盅形制见于两晋时期,生烧,釉面严重剥蚀,残存部分青釉,黄胎,属于残次品。再如,圜底碟 TN15E05 ②：11,该形制碟多见于隋至初唐时期,浅黄胎,釉面剥蚀殆尽,亦当属瓷窑残次品(图10～13)。

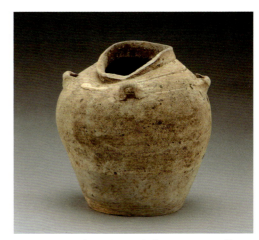

图 10　口沿变形的四系罐 TN17E01 ⑤：4

2016 年度石渚片区考古发掘证实,明清以来石渚的建筑活动十分频繁,与地方文献记载中的"石株市"相吻合;宋元时期石渚历史遗存较少,人类活动较微弱;唐五代的石渚则是长沙铜官窑窑业产销体系的重要组成部分,挖泥坑、瓷土矿带以及较多彩绘瓷器的发现证实了唐五代石渚制瓷活动的繁荣,特别是具有外销瓷风格瓷器的出土证明石渚片区是长沙铜官窑外销瓷的重要产

图 11　生烧平底碗 H21 ①：3

图 12　饼足小盏 H18 ①：3　　　　图 13　生烧圜底碟 TN15E05 ②：11

地，是中晚唐海上丝绸之路和中外物质文化交流的重要节点。而汉唐间不同时期残次瓷器的出土则提示我们石渚的制瓷业在汉唐时期几乎不曾间断，石渚也是岳州窑类型青瓷产地之一，进一步证实了长沙铜官窑与湘江下游汉唐时期岳州窑类型青瓷窑业技术传统之间的亲缘关系。

四　长沙窑高温釉上彩工艺的显微观察

2016 年度石渚片区的考古发掘所获遗物中除了大量长沙窑青瓷制品之外，最引人瞩目的是一批画工精致的彩绘瓷器，部分器形以往罕见。长沙窑彩瓷在 9 世纪享誉海内外，颇受学界重视。早先的研究者多凭借肉眼观察认为长沙窑彩瓷以釉下彩工艺为主，并将长沙窑釉下彩瓷视为中国陶瓷工艺史上的一项重大发明，这种观点流传广、影响大，几乎完全遮蔽一些重要的不同认识。

20 世纪 80 年代，已有科技工作者通过科学实验对长沙窑瓷器标本的物理性能、化学组成、显微结构进行过研究。其中，显微结构的分析主要使用了光学显微镜和电子探针技术，但由于实验方法的不同和标本数量的局限等原因，科技检测分析的结论也不尽相同，引起了一些争论，但大多数研究者倾向于认同与传统观点相符的结论，不严谨的科技检测工作附会传统的主流观点，进而又强化了长沙窑彩瓷以釉下彩工艺为主流的印象。而一些重要科技检测成果和观点却未能引起足够重视，比如张福康先生指出了长沙窑"釉下彩"与历代典型釉下彩的显著区别：

第一，长沙窑各种不同类型的彩瓷，在着彩区的胎、釉中间层上，看不到有任何残留色料颗粒，即使生烧残器也是如此。

第二，除了少数精笔描绘成的彩绘瓷以外，其他各种大小斑块装饰、联珠彩、单色釉等，在彩饰区断面的上部看不到有透明釉层，而且着色剂的浓度分布在胎、釉中间层处最弱，釉面处最强，中间呈逐步变化的过渡状态。

张福康先生认为这些差别都是由于长沙窑所采用的彩绘工艺与典型的釉下彩不同所造成的，部分长沙窑器的彩不是施于胎上而是施于釉上，也就是先在生胎上施釉，然后把彩加于釉上。在 2000 年出版的专著《中国古陶瓷的科学》中，张福康先生进一步指出"长沙窑极大部分都是高温釉上彩，只有精细彩绘是用釉下彩的方法制作的"[5]。

窑址中所见长沙窑残次彩瓷的着彩部位脱落明显较严重，从中也可以发现一些用釉下彩工艺难以解释的现象。蔡毅先生在《高温釉上彩装饰工艺的若干认识》一文中用肉眼仔细观察了 6 件长沙窑彩瓷标本，包括青釉露底褐彩碗、褐绿彩花卉纹壶、白釉绿彩枕、红绿彩壶、模印贴花壶、褐绿彩飞凤纹壶，注意到了以下几个重要现象：

第一，部分青釉露底褐彩器未施釉部位上的彩与胎体结合牢固，不易脱落，而施过釉部位上的褐彩则出现剥落，剥釉处的胎上没有留下施彩的痕迹。

第二，青釉褐绿彩壶的绿彩突出釉面很高，形成突出的色彩斑块。

第三，红绿彩绘壶的釉面形成开片，而着色部分则没有开片，呈干涩现象。

第四，褐斑贴花器的褐斑与褐斑之间有一条连笔，这些横向连接线的地方有彩釉形成的垂流痕迹。

蔡先生认为这都是先施釉再上彩才会形成的现象[6]。除了上述现象之外，长沙窑彩瓷的褐绿彩绘之处多有向下凹陷的现象，手触感明显，较宽的绿彩凹陷尤其突出，相比釉下彩，釉上彩更能解释这种现象的产生。

进入 21 世纪，科技检测工具与方法有了新的进步，有多个品类的长沙窑彩绘瓷经检测为釉上彩制品。孙莹等人在应用能量色散 X 射线荧光光谱探针及线扫描技术对 4 件长沙窑彩瓷样品的彩绘工艺进行了研究，检测结果显示，此 4 块样品的工艺均不完全属于典型的釉下彩工艺，而是属于高温釉上彩工艺[7]。栗媛秋等人在利用 X 荧光光谱分析、反射光谱、岩相分析和扫描电镜等手段对一片长沙窑白釉红彩的釉彩部分进行了成分和显微结构分析，结果表明，该样品是一件乳浊釉上施红彩的釉上彩器[8]。这些科技检测工作使我们明确认识到长沙窑釉上彩工艺的存在。

长沙窑彩瓷用肉眼观看可做如下区分：按彩料主要着色剂可分为褐彩与绿彩两大类，褐彩类以铁为主要着色剂，有褐红、酱黄、酱黑等呈色，绿彩类以铜为主要着色剂，有绿、蓝、红等呈色；按用彩技法可分为点彩、线绘彩、条带彩、斑块彩、彩书诗文五大类。而长沙窑彩瓷的色釉主要有青釉、白釉两类，这不同色釉与不同彩料的组合，在不同彩绘技法之下，烧制成了独具特色、品类众多的彩瓷器，常见的有青釉褐绿彩瓷、青釉诗文瓷、青釉褐斑瓷、青釉褐绿点彩瓷、白釉绿彩瓷、白釉褐绿彩瓷等类别。这些彩瓷中以白釉为底色釉者，因其白釉有乳浊不透明的特征，不适宜釉下用彩，凭肉眼就可以明确判断为釉上彩制品，其他长沙窑彩瓷品种的彩釉层普遍较薄，凭肉眼很难对其工艺过程做出准确而令人信服的判断。

为明确长沙窑彩瓷的工艺属性，我们以本次石渚片区出土彩瓷标本为主，同时在长沙铜官窑遗址的年丰垸、灰坪、谭家坡等不同区域内选取有代表性的彩瓷标本，共 50 余件，利用基恩士 VHX-5000 超景深三维显微镜对各品类彩瓷进行了全方位的观察，在显微镜下放大 100～1000 倍，重点观察彩、釉及其结合部的平面与断面。显微观察发现这些标本的彩料在平面和断面上均有打破或叠压在釉层之上的现象，却没有发现一例釉层覆盖在彩料之上的迹象，而且着彩部位在显微镜下也显得干涩、皱褶多，没有青釉表面的平整光滑。也就是说，本次观察到的长沙窑彩瓷标本都是先施釉再于釉上着彩、然后一次烧成的高温釉上彩瓷。现列举其中数种彩瓷标本的显微观察结果于下，共计 22 件标本：

（一）青釉褐绿彩绘瓷

1. 标本 CS20180503001

青釉褐绿彩花卉纹碟残件，2016 年石渚片区 H10③出土，生烧制品，胎色灰黄，着化妆土，青釉暗哑无光，有剥蚀，用褐绿彩绘花卉纹（图 14-1）。显微镜下其断面可以清晰的看到褐彩、青釉、化妆土、胎的叠压关系（图14-2），标本表面也可以看到褐彩下的青釉被浸染呈黄褐色（图14-3），绿彩表层局部发黑（图14-4），表面和断面上可见其呈色浓度从表往里逐渐变淡（图14-5）。

2.标本 CS20180503002

青釉褐绿彩荷花纹碟残件，2016年石渚片区H10③出土，胎色斑杂，着化妆土，青釉泛黄，用褐绿彩绘荷花纹，着彩处向下凹陷，绿彩下凹的手触感尤其明显（图15-1）。青釉层厚约123微米，化妆土层厚约146微米，绿彩、褐彩与青釉的结合部位分割清晰，褐绿彩之上没有青釉覆盖迹象，呈现出褐绿彩打破青釉层的现象（图15-2、3）。

1.青釉褐绿彩花卉纹碟

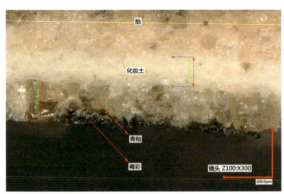

2.胎、化妆土、青釉、褐彩断面

3.褐彩表面

4.绿彩表面

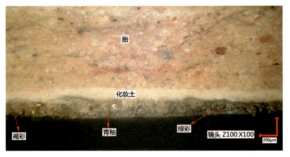

5.青釉褐绿彩断面

图14　青釉褐绿彩花卉纹碟 CS20180503001

1.青釉褐绿彩荷花纹碟

图15　青釉褐绿彩荷花纹碟 CS20180503002

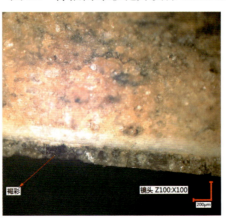

2.褐彩断面

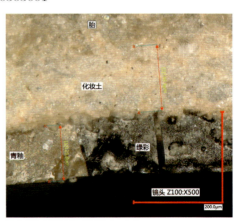

3.绿彩断面

3．标本 CS20180503003

青釉褐绿彩花草纹碟残件，2016 年石渚片区 H10③出土，生烧制品，胎色灰黄，着化妆土，釉彩脱落严重，用褐绿彩绘花草纹（图16-1）。表面可见褐彩打破绿彩（图16-2），褐彩颗粒散落在绿彩表面，褐彩呈色浓度从表往里逐渐变淡（图16-3）。

4．标本 CS20180427006

青釉褐绿彩残片，2016 年石渚片区 H10③出土，着化妆土，胎色灰白，青釉泛黄，用褐绿彩绘花纹，绿彩剥落较严重（图17-1）。显微镜下其断面可以清晰的看到褐彩、青釉、化妆土、胎的叠压关系，彩釉结合部褐彩叠压青釉的迹象明显，青釉层厚约 152 微米（图17-2）。

1．青釉褐绿彩花草纹碟

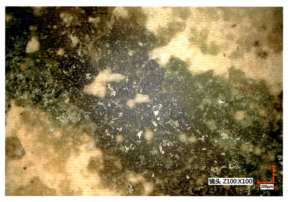

2．褐彩打破绿彩

3．褐彩与绿彩

图 16　青釉褐绿彩花草纹碟 CS20180503003

1．青釉褐绿彩残片

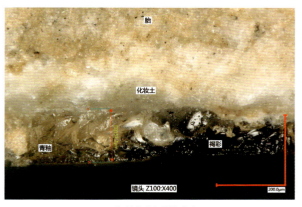

2．青釉与绿彩结合部

图 17　青釉褐绿彩残片 CS20180427006

5．标本 CS20180427014

青釉褐绿彩碟残片，2016 年石渚片区 H10③出土，胎色灰白，着化妆土，青釉泛黄，用褐绿彩绘花纹（图18-1）。显微镜下其断面可以清晰的看到褐彩、青釉、化妆土、胎的叠压关系（图18-2），青釉与褐彩的结合部位分割清晰，褐彩之上没有青釉覆盖迹象，呈现出褐彩打破青釉层的现象（图18-3）。

1. 青釉褐绿彩碟

图 18　青釉褐绿彩碟
CS20180427014

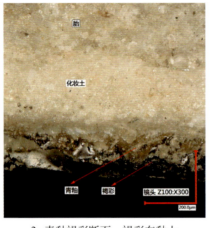

2. 青釉褐彩断面，褐彩在釉上

3. 褐彩打破青釉

6. 标本 CS20180427018

青釉褐绿彩花鸟纹碟残片，2016 年石渚片区 H10 ①出土，胎色灰白，着化妆土，浅青釉，用褐绿彩绘花鸟纹（图 19-1）。青釉与褐彩的结合部位分割清晰（图 19-2），青釉与褐彩的结合部位分割清晰，褐彩下可见青釉块（图 19-3），褐彩之间可见青釉层被隔断的现象（图 19-4）。

7. 标本 CS2015001

青釉褐绿彩花卉纹残片，2015 年年丰垸片区出土，胎色灰白，着化妆土，浅青釉，用褐绿彩绘花卉纹，绿彩剥落相对较多（图 20-1）。在有褐彩的断面上可以清晰的看到，褐彩与青釉

1. 青釉褐绿彩花鸟纹碟

2. 青釉与褐彩结合部

3. 褐彩断面中的青釉块

4. 青釉两侧的褐彩

图 19　青釉褐绿彩花鸟纹碟 CS20180427018

结合部的一侧分割清晰，呈现出褐彩打破青釉层的状态，另一侧褐彩从薄处渐渐变厚，薄处的褐彩叠压在青釉层之上（图 20-2）。在绿彩的断面中也见有青釉块被绿彩叠压和包裹的现象（图 20-3）。

8. 标本 CS2015003

青釉褐绿彩残片，2015 年年丰垸片区出土，胎色灰白，着化妆土，浅青釉，用褐绿彩绘鸟纹（图 21-1）。断面可见青釉层被褐彩隔断的现象（图 21-2），褐彩下可见青釉残块（图 21-3），有青釉块被绿彩包裹的现象（图 21-4）。

1. 青釉褐绿彩残片

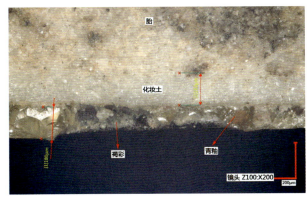

2. 褐彩打破青釉　　　　　　　　　　3. 绿彩下的青釉块

图 20　青釉褐绿彩花卉纹残片 CS2015001

1. 青釉褐绿彩残片

2. 被两侧褐彩隔断的青釉

3. 褐彩下的青釉块

4. 绿彩中的青釉

图 21　青釉褐绿彩残片 CS2015003

9. 标本 CS2015005

青釉绿彩残片，2015 年年丰垸片区出土，灰黄胎，着化妆土，青釉泛黄，绿彩发黑（图22-1）。绿彩表面干涩、底层青绿（图22-2），绿彩青釉结合部的表面有残绿彩颗粒叠落在青釉层之上（图22-3、4），绿彩青釉结合部的断面可见绿彩有叠压青釉之势（图22-5）。

10. 标本 CS2015006

青釉褐绿彩残片，2015 年年丰垸片区出土，灰黄胎，着化妆土，青釉泛黄，彩剥蚀严重，褐彩发黑，绿彩发蓝（图23-1）。断面上褐绿彩打破或叠压青釉，而青釉与化妆土之间看不到有彩料的痕迹，褐彩表面呈色最浓（图23-2）。褐彩与青釉结合部的表面上可见褐彩颗粒叠落在青釉层之上（图23-3）。

11. 标本 CS2015009

青釉褐绿彩残片，2015 年年丰垸片区出土，灰黄胎，青釉泛黄，彩剥蚀严重，绿彩泛白（图24-1、2）。断面可见绿彩下叠压有青釉层（图24-3、4）。

12. 标本 CS2010001

青釉褐彩残片，2010 年谭家坡片区出土，灰白胎，着化妆土，施青釉，用褐彩绘花草纹（图25-1）。断面上青釉与褐彩结合部位分割清晰，褐彩之上无青釉覆盖现象（图25-2）。

1. 青釉绿彩残片

2. 绿彩表面

3. 绿彩青釉结合部散落的彩料

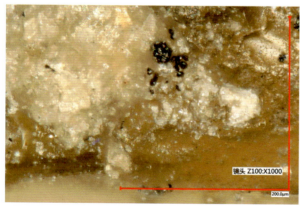

4. 绿彩青釉结合部散落的彩料

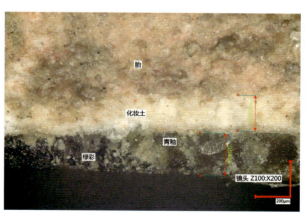

5. 绿彩与青釉结合部断面

图 22　青釉绿彩残片 CS2015005

1. 青釉褐绿彩残片

图 23　青釉褐绿彩残片
CS2015006

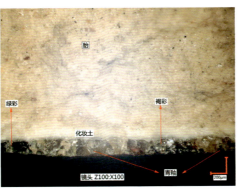

2. 青釉褐绿彩断面，彩打破或叠压青釉，而青釉与化妆土之间完全看不到彩料的痕迹

3. 青釉表面未熔融的褐彩料

1. 青釉褐绿彩残片

2. 绿彩表面

3. 绿彩叠压青釉

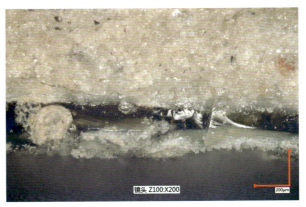

4. 绿彩叠压青釉

图 24　青釉褐绿彩残片 CS2015009

1. 青釉褐彩残片

图 25　青釉褐彩残片 CS2010001

2. 青釉褐彩断面

（二）青釉褐绿点彩瓷

1．标本 CS20180427002

青釉褐绿点彩残片，2016 年石渚片区 H10③出土，灰白胎，施青釉，用褐绿点彩绘联珠式花纹（图 26-1）。绿彩表面被侵蚀较严重，泛白（图 26-2），断面可见绿彩叠压在青釉层之上（图26-3）。褐彩表面干涩，有大量皱褶（图 26-4），断面与青釉层分割清晰（图 26-5）。

2．标本 CS20180427011

青釉褐绿红点彩残片，2016 年石渚片区 H10③出土，灰白胎，施青釉，褐彩干涩，红绿彩斑块杂交（图 27-1）。青釉层较薄，厚约 64 微米（图 27-2），绿彩叠压红彩，红绿彩结合部泛蓝光（图 27-3、4）。红绿彩均为以铜为着色元素，红绿彩斑块杂交的现象应是还原不充分的结果（图 27-5）。

3．标本 CS2015010

青釉褐绿点彩残片，2015 年年丰垸片区出土，灰白胎，施青釉，用褐绿点彩绘联珠式纹样（图 28-1）。显微镜下褐绿彩表面干涩、皱褶多，都如青釉表面不平整（图 28-2），绿彩叠压在青釉层之上（图 28-3）。

1．青釉褐绿点彩残片

2．绿彩剥蚀表面

3．绿色点彩叠压在青釉之上

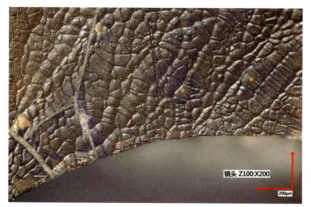

4．褐彩表面

5．褐色点彩断面

图 26　青釉褐绿点彩残片 CS20180427002

1. 青釉褐绿红点彩残片

图 27　青釉褐绿红点彩残片
CS20180427011

2. 青釉断面

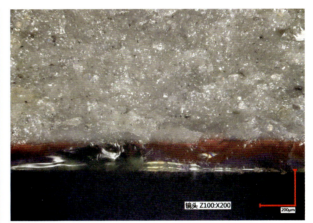

3. 红绿彩断面，绿彩泛蓝光

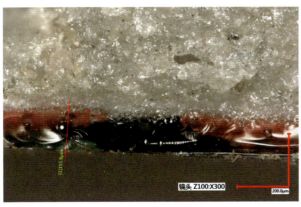

4. 红绿彩断面

5. 青釉与红彩结合部

1. 青釉褐绿点彩残片

图 28　青釉褐绿点彩
CS2015010

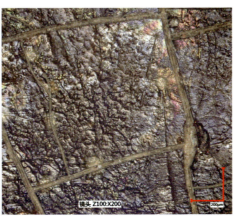

2. 褐彩表面

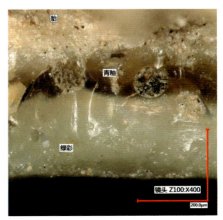

3. 绿彩、青釉断面

（三）青釉褐斑瓷

1. 标本 CS20180427001

青釉褐斑残片，2016年石渚片区H10③出土，灰白胎，着化妆土，施青釉，饰褐色斑块（图29-1）。断面上褐斑与青釉结合部分割清晰，褐斑上不见有青釉层叠压的迹象（图29-2、3）。

2. 标本 CS20180427004

青釉褐斑罐残片，2016年石渚片区H10③出土，灰白胎，着化妆土，施青釉，饰褐色斑块（图30-1）。褐斑表面侵蚀较严重、不光滑（图30-2），断面上可见青釉块被褐斑叠压的现象（图30-3、4）。

1. 青釉褐斑残片

图29　青釉褐斑残片 CS20180427001

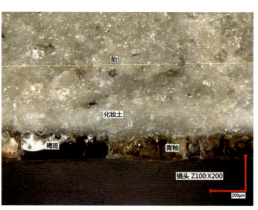

2. 青釉、褐斑结合部断面

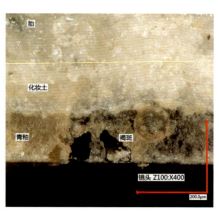

3. 青釉、褐斑结合部断面

1. 青釉褐斑罐残片

2. 褐斑表面

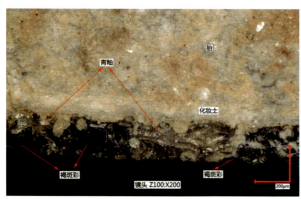

3. 褐斑断面下的青釉块

4. 褐斑下的青釉残块

图30　青釉褐斑罐残片 CS20180427004

（四）青釉褐书诗文瓷

1. 标本 CS2015003

青釉褐书诗文壶残片，2015 年灰坪片区出土，灰白胎，着化妆土，施青釉，用褐彩书写"月中""无"等字（图 31-1）。长沙窑曾出有"一别行万里，来时未有期。月中三十日，无夜不相思。"诗文壶。该标本的"中"字褐书表面干涩无光，不见青釉覆盖的迹象（图 31-2），在断面上可见褐书部分明显叠压在青釉之上（图 31-3）。

2. 标本 CS2015002

青釉褐书诗文壶残片，2015 年灰坪片区出土，灰白胎，着化妆土，施青釉，用褐彩书写"君恨""我恨"等字（图 32-1）。长沙窑曾出有"君生我未生，我生君已老。君恨我生迟，我恨君生早。"诗文壶。该标本的"我"字褐书的断面上可见笔划之间隔断、叠压着青釉层（图 32-2），"君"字褐书墨迹明显叠压在青釉之上（图 32-3、4）。

1. 青釉褐书诗文壶残片

图 31　青釉褐书诗文壶
　　　残片 2015003

2. "中"字写在釉上表面

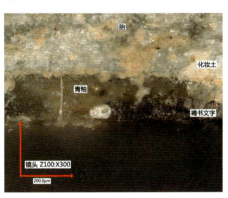

3. "中"字写在釉上

1. 青釉褐书诗文壶残片

图 32　青釉褐书诗文壶残片 CS2015002

2. "我"字写在釉上

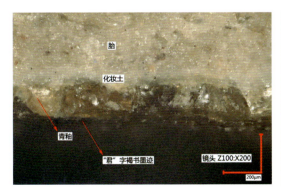

3. "君"字写在釉上

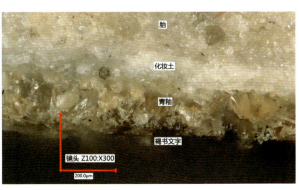

4. "君"字写在釉上

（五）青釉露底褐彩瓷

这类瓷器大部分着有化妆土，也有不着化妆土的，施釉不及器心与外底，故而无釉的部分就露出化妆土或胎体，这种现象以往多称之为"露胎"或"粉底彩釉绘花"，不确切，本文以"露底"称之。这类露底瓷的器心与外底多呈四边形、多边形或不规则圆形，其上常常叠置一满釉瓷器，然后再入匣烧制，所以窑址内此类残器的器心大多有一圈粘疤痕迹。器心露底处多用褐彩绘画或书写文字，不见有用绿彩的，这与此类产品主要用于扩大装烧产量的定位有关，器形以碟为主，有少量露底碗。

标本 CS20180427007

青釉露底褐彩鸟纹残片，2016年石渚片区 H10 ③出土，青灰胎，着化妆土，用褐彩在器心露底处绘鸟纹（图33-1）。该标本器心露底处褐彩与化妆土结合紧密，不脱落（图33-2），但在褐彩与青釉结合部的表面却可见彩釉脱落而化妆土上不见褐彩残留的痕迹（图33-3），说明该标本应是施釉之后再在露底处绘画，只是绘画时笔画超出了露底的范围而触及釉面（图33-4）。

1. 青釉露底褐彩鸟纹残片

镜头 Z100:X100　200μm

2. 化妆土上的褐彩

图33　青釉露底褐彩鸟纹残片 CS20180427007

镜头 Z100:X100　200μm

3. 褐彩在化妆土上结合紧密，但彩釉结合部彩釉同时剥落，化妆土上并无彩料残余，说明彩在釉上

4. 露底彩绘触及釉面

（六）白釉绿彩瓷

标本 CS20180427012

白釉绿彩残片，2016年石渚片区 H10 ③出土，灰白胎，施乳浊白釉，饰绿彩（图34-1）。白釉和绿彩均乳浊不透明（图34-2、3），白釉绿彩结合部断面可见绿彩叠压在白釉之上（34-4）。

1. 白釉绿彩残片

图 34　白釉绿彩残片 CS20180427012

2. 白釉绿彩表面结合部

3. 白釉断面

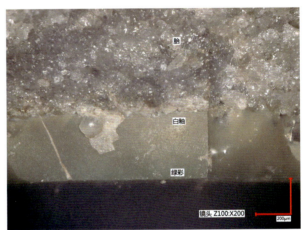

4. 绿彩、白釉、胎断面

（七）酱釉蓝彩瓷

标本 CS20180427008

酱釉蓝彩残片，2016 年石渚片区 H10 ③出土，灰白胎，施酱釉，施蓝彩（图 35-1）。酱釉表面干涩、皱褶多（图 35-2），断面上可见蓝彩浮于酱釉之上（图 35-3）。

1. 酱釉蓝彩残片

图 35　酱釉蓝彩残片
　　　　CS20180427008

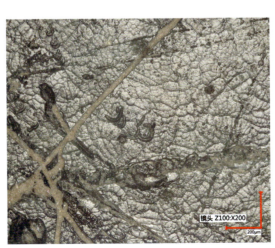

2. 酱釉表面

3. 蓝彩、酱釉、胎断面

　　我们也对遗址内出土的少量青花瓷进行观察，这些典型釉下彩工艺制品在彩釉结合部都可以发现釉层覆盖彩料的现象，彩料在胎釉中间的分布最浓烈、色彩最深（图36-1～3），而本次观察的这些长沙窑彩瓷都没有这些特征。我们还观察了少量当代长沙窑仿烧品（图37-1），这些仿烧品一般使用釉下彩工艺，虽然大多时候断面上彩釉交融、难以区隔，但仍有釉层叠压彩料的迹象（图37-2），它们的表面与长沙窑彩瓷制品的表面有显著区别，当代釉下彩仿品的表面光滑平整（图37-3）、有较多气泡（图37-4），没有长沙窑褐彩和绿彩表面的干涩与皱褶现象，这显然是彩上有无釉层所导致的区别。

　　鉴于本次观察的长沙窑彩瓷标本出于遗址内的不同区域，涵盖了长沙窑彩瓷的绝大部分品种，包括常见的青釉褐绿彩瓷、青釉褐绿点彩瓷、青釉褐斑瓷、青釉诗文瓷、白釉绿彩瓷等类别，具备充分的代表性，结合已有科学检测成果综合分析，我们认为，高温釉上彩是长沙窑彩瓷的主流工艺。只不过长沙窑的彩与颜色釉区别不大，褐彩与酱釉、绿彩与绿釉在着色元素浓度上或有差别，却并无本质区别。这种釉上彩工艺的大致流程应为：先在素胎或化妆土上施底釉，待釉层略干、充分吸附在坯体上后，再用褐彩、绿彩在已施釉的坯体上点洒、绘画或书写诗文。由于长沙窑的彩、釉普遍较薄，高温之下彩与釉会熔融，并不是每一件标本的断面上都可以清晰地看出彩釉之间的叠压或打破关系，但在未充分烧结的生烧制品上，彩与釉的叠压打破关系在显微镜下是很清晰的，可以视为未烧时的初始状态。此外，长沙窑彩瓷施釉上彩后是在窑炉内一次性高温烧制而成，不同于后世二次烧造的低温釉上彩，也正因为是高温一次烧成，所以造成了一些"釉下彩"和"釉中彩"的错觉。

　　2016年度石渚片区的发掘在地层上明确了长沙窑与岳州窑继承关系，而其高温釉上彩工艺显然是继承了唐三彩的彩釉工艺，唐三彩的主色调为白、褐（黄）、绿，长沙窑彩瓷的主色调则为青、褐、绿，长沙窑工匠把唐三彩等北方彩釉工艺嫁接在了岳州窑类型的青釉瓷器之上，可以说，长沙窑彩瓷是8世纪后半期岳州窑与唐三彩的直系后裔。据不完全统计，目前已发现的长沙窑工匠和作坊主姓氏多达30余种，这个以石渚

1. 青花瓷残片

2. 青花瓷彩釉结合部断面

3. 蓝彩料在胎釉中间分布最浓烈，且胎骨有被浸染的现象

图36　青花瓷残片 CS20180427019

1. 当代长沙窑仿烧品残片

2. 青釉覆盖褐斑

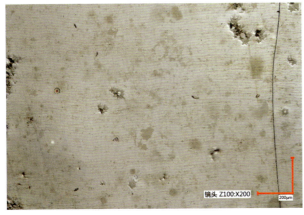

3. 当代绿斑彩光滑的表面

4. 当代仿品釉下褐斑表层可见大量气泡，比长沙窑青釉褐斑更光滑

图 37　当代长沙窑仿烧品残片

湖为中心的窑场是一个典型的窑业移民聚落，这里的陶瓷手工业艺融南北，实现了从低温彩陶到高温彩瓷的华丽升级。长沙窑彩瓷个性突出，但又与唐三彩、鲁山窑花瓷等器在釉彩工艺上有时代共性，这些"好色"的陶瓷品种一并改变了唐代陶瓷手工业南青北白的单调格局，在陶瓷史上占有不可或缺的一席。现在看来，不论说"釉下彩绘是长沙窑有历史意义的首创"、"长沙窑是釉下多彩瓷的发源地"或是"长沙窑首创釉下多彩绘画"，都还没有可靠的物证和科技检测工作作为支撑，这些观点应予以修正。

　　本次显微观察的长沙窑彩瓷标本都是窑址内不同区域出土的，虽然对于窑址来说已具备充分的代表性，但还未涉及墓葬、水井、沉船等其他类型遗址出土的长沙窑彩瓷，还不能代表长沙窑彩瓷的全貌。后续我们将对长沙窑彩瓷标本展开更加全面的科技检测工作，我们也寄希望各地陶瓷考古工作者和研究者加强科技检测工作，尤其是各地出土长沙窑彩瓷的检测工作，共同推进有关历史问题的研究。

注释：

[1] 周世荣：《石渚长沙窑出土瓷器及有关问题的研究》，《中国古代窑址调查发掘报告集》，文物出版社，1984 年，第 213～238 页。

[2] 长沙市文物局文物组：《唐代长沙铜官窑调查》，《考古学报》1980年第1期，第67～96页。

[3] 长沙窑课题组编：《长沙窑》，紫禁城出版社，1996年，第7～10页。

[4] 湖南省文物考古研究所：《湖南长沙铜官窑遗址》，《中国考古新发现年度记录2010》，中国文物报社，2010年，第450～455页。

[5] 张福康：《长沙窑彩瓷的研究》，《硅酸盐学报》1986年第3期，第339～346、390页。张福康：《中国古陶瓷的科学》，上海人民美术出版社，2000年，第92～96页。

[6] 蔡毅：《高温釉上彩装饰工艺的若干认识》，《文物春秋》1997年S1期，第198～201页。

[7] 孙莹、毛振伟、周世荣、王昌燧、董俊卿、袁传勋、徐靖、姚政权：《能量色散X射线荧光光谱法探针线扫描分析"长沙窑"彩绘工艺》，《理化检验（化学分册）》2008年09期，第807～809、814页。

[8] 栗媛秋、杨益民、张兴国、张兆霞、姚政权、朱剑：《长沙窑铜红釉上彩的显微分析》，《南方文物》2014年第4期，第148～150、178页。

1. 青釉芒口碗 (TN17E03 ⑤ B：4)

Green glazed *wan*-bowl with unglazed lip

东汉～三国（25～280年）
口径 15.0、底径 11.0、高 5.8 厘米

敞口，斜腹，平底内凹。外口沿下有一道弦
纹。施青釉，外壁釉不及底，口沿刮成芒口。
底部有裂痕和气泡。

石
渚
2. 生烧盅（TN19E03 ⑤ B D9 ①：1）

Underfired *zhong*-wine cup

东汉～三国（25～280 年）

口径 9.6、底径 4.4、高 3.8 厘米

敞口，弧腹，小平底。浅黄胎，釉层剥蚀严重。

3. 青釉四系罐（TN17E01 ⑤：4）

Green glazed jar with four loop handles

东汉～三国（25 ～ 280 年）
底径 10.0、高 17.0 厘米

口部变形。直口微内倾，溜肩，鼓腹，平底。肩
部和上腹部各刻划一道凹弦纹，在上腹部弦纹的
位置上安置四个对称的桥形系，系孔向上，腹部
拍印细方格纹。施釉不及底，釉面剥落严重。

4. 青釉盅（TN17E03 ⑤ B：1）

Green glazed *zhong*-wine cup

东晋（317～420 年）

口径 8.6、底径 4.2、高 3.5 厘米

敞口，弧腹，饼足。灰白胎，施青釉，釉面
光润，开片清晰，外壁釉不及底。

5. 青釉盅（TN17E01 ⑤：3）

Green glazed *zhong*-wine cup

东晋（317～420 年）

口径 9.2、底径 5.2、高 3.5 厘米

敞口，弧腹，饼足。灰白胎，施青釉，内壁
边沿积釉处呈青绿色，外壁施釉不及底。

6. 生烧盅（H18 ①：3）

Underfired zhong-wine cup

东晋（317～420 年）

口径 8.8、底径 4.0、高 3.4 厘米

敞口，弧腹，饼足。生烧，胎色黄。
施青釉，釉面剥蚀严重。

——长沙铜官窑遗址 2016 年度考古发掘出土瓷器

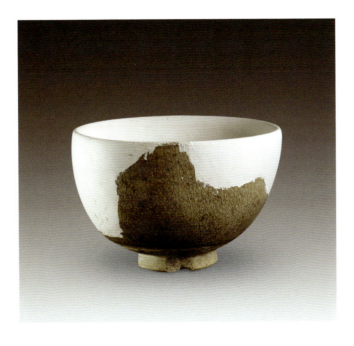

 7. 青釉杯（TN17E01 ⑤：5）

Green glazed *bei*-cup

南朝（420～589年）
口径 9.0、底径 3.4、高 5.9 厘米

敞口，深弧腹，小饼足。底足中挖一道
凹槽。内、外施青釉，外壁釉不及底。

8. 青釉饼足碗（TN15E05 ③：2）

Green glazed *wan*-bowl with discoidal foot

南朝（420～589年）
口径 14.0、底径 5.0、高 7.8 厘米

敞口，深弧腹，饼足内凹。内、外施青釉，釉面光润，开片清晰，碗内底积釉处釉色青绿，外壁釉不及底。

9. 青釉饼足碗 (TN17E01 ⑤：7)

Green glazed *wan*-bowl with discoidal foot

南朝（420 ～ 589 年）

口径 14.0、底径 4.0、高 6.7 厘米

敞口，深弧腹，饼足内凹。内口沿和腹中部各饰一道弦纹。灰白胎，内、外施青釉，外壁釉不及底。

10. 青釉印花圜底盘 (TN17E01 ⑤:6)

Green glazed *die*-saucer with round base and stamped designs

隋代（581～618 年）
口径 18.2、底径 9.0、高 3.0 厘米

敞口，浅弧腹，圜底。碟内口沿至碟心用两道复线弦纹和一道单线弦纹将碟分为碟壁、碟面、碟心三部分，碟心内戳印圆圈作花蕊状，其外围印大小相间的草叶纹共 16 片。灰白胎，圜底略内凹，有五道深浅不一的弦纹。内、外施青釉，外壁釉不及底。

11. 青釉饼足印花碟 (TN15E03 ②：9)
Green glazed *die*-saucer with discoidal foot

隋代（581～618 年）
口径 12.6、底径 5.0、高 3.4 厘米

敞口，圆唇，浅弧腹，饼足内凹，内挖一道凹弦。
围绕碟心印对称的六片树叶纹，外饰三道弦纹。
施青釉，玻璃质感较强，边角积釉处釉色深绿，
外壁施釉不及底，露灰白胎。

 12. 青釉圜底碟（TN15E05 ④：3）
Green glazed *die*-saucer with round base

隋代（581～618 年）
口径 13.6、底径 5.6、高 2.6 厘米

敞口，浅弧腹，圜底内凹。灰白胎，施青釉，
内底边沿积釉处釉色青黄，外壁釉不及底。

13. 生烧圜底碟（TN15E05 ②：11）

Underfired *die*-saucer with round base

隋代（581 ～ 618 年）
口径 13.0、底径 4.6、高 2.3 厘米

敞口，浅弧腹，圜底内凹。底部有三道弦纹。
浅黄胎。釉面剥蚀殆尽。

14. 青釉彩绘菊花纹碗 （TN17E01 ④：5）

Green glazed *wan*-bowl with brush-painted design of chrysanthemum

唐代（618 ～ 907 年）

口径 13.6、底径 5.4、高 5.0 厘米

敞口，斜直腹，圈足。碗内与外壁口沿着化妆土，碗内绘一株
四叶一花的菊花。胎色浅黄，为生烧制品。彩釉剥蚀严重。

15. 青釉褐绿彩鸟纹碗 (H10 ⑤：3)

Green glazed *wan*-bowl with russet and green painted design of bird

唐代（618～907 年）

口径 15.0、底径 5.6、高 5.3 厘米

敞口，弧腹，圈足。碗内用褐绿彩绘一只展翅飞鸟，其下绘一株褐绿彩兰草。浅黄胎，较粗疏。青釉泛黄，外壁釉不及底，口沿饰四个褐斑。

 16. 青釉褐斑碗 (H10 ③：135)

Green glazed *wan*-bowl with russet staining on the mouth

唐代（618 ～ 907 年）

口径 10.4、底径 5.3、高 5.2 厘米

敞口，厚唇外凸，斜腹圆收，玉璧底。底足有修削痕。
口沿饰四个褐斑。灰白胎。碗内及口沿着化妆土，
施青釉，外壁施釉不及底。

 17. 青釉碗（H10 ③：83）

Green glazed *wan*-bowl

唐代（618 ～ 907 年）
口径 13.4、底径 4.7、高 4.7 厘米

敞口，唇沿微敛，弧腹，玉璧底。胎色灰白。
底足有明显的修削痕。内、外施青釉，釉不及底，
碗内与口沿因着化妆土，釉色泛黄，与外壁未
着化妆土的釉层之间有一显著的分界线。

18. 青釉碗（H10 ③：103）

Green glazed *wan*-bowl

唐代（618～907 年）
口径 14.4、底径 5.2、高 4.4 厘米

敞口，厚唇，弧腹，玉璧底。底足有修
削痕。灰白胎。施青釉，外壁釉不及底，
且有多处大小不一的黑褐色斑点。

19. 青釉碗（H10 ③∶102）

Green glazed *wan*-bowl

唐代（618～907 年）

口径 13.2、底径 4.7、高 4.9 厘米

敞口，厚唇，弧腹，玉璧底。底足有修削痕。胎色灰白。碗内与口沿着化妆土，施青釉，碗内有大量釉泡，外壁釉不及底，釉色泛白。

20. 青釉碗 (H10 ⑤:15)

Green glazed *wan*-bowl

唐代（618～907 年）

口径 13.4、底径 4.8、高 4.9 厘米

敞口，圆唇，弧腹，玉璧底。胎色灰白。碗内及外口沿着化妆土，施青釉，釉不及底，釉面泛白，相对匀净，碗内有较多釉泡。

21. **青釉碗** (H10 ③：26)
Green glazed *wan*-bowl

唐代（618～907 年）
口径 14.6、底径 5.8、高 5.0 厘米

敞口，斜直腹，玉璧底。外腹壁靠近底足处
有一圈旋纹和多处疑似指甲的痕迹。青灰色
胎。施青釉，足端外侧刮釉一圈。

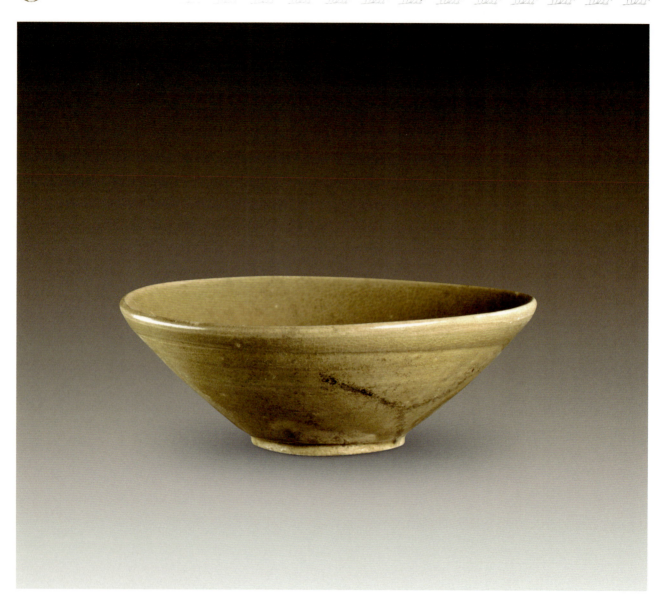

22. 青釉碗（H10 ③：162）

Green glazed *wan*-bowl

唐代（618 ～ 907 年）

口径 14.9、底径 5.7、高 5.2 厘米

敞口，斜直腹，玉璧底。胎色灰白。通体施
青釉，仅足端外侧刮釉一圈，碗内及外口沿
釉厚色深。碗心有大量落渣。

23. 青釉碗 (H10 ③ : 113)

Green glazed *wan*-bowl

唐代（618～907年）

口径 18.4、底径 6.3、高 7.1 厘米

敞口，厚唇，弧腹，玉璧底。底部有
修削痕，底心有裂痕。胎色灰白。碗
内着化妆土，施青釉，碗内釉色较外
壁匀净，外壁施釉不及底。

24. 青釉碗（H10 ③: 161）

Green glazed *wan*-bowl

唐代（618～907年）

口径 16.8、底径 6.3、高 6.5 厘米

敞口，圆唇，弧腹，玉璧底。底足有修削痕，挖足不规整。灰白胎。碗内、外施青釉，釉色泛黄，外壁施釉不及底。

25. 青釉碗 （H10 ③：127）

Green glazed *wan*-bowl

唐代（618～907 年）

口径 19.4、底径 6.8、高 8.0 厘米

敞口稍内收，口沿微外撇，弧腹，
玉壁底。底足有修削痕。青灰胎。
施青釉，外壁施釉不及底。

26. 青釉碗（TN15E01 ④：1）

Green glazed *wan*-bowl

唐代（618～907 年）

口径 19.6、底径 6.4、高 7.2 厘米

敞口，弧腹，玉璧底。外腹壁有一圈
跳刀痕，足墙可见指甲痕，底心有裂
痕。胎色灰白。内、外施青釉，釉不
及底足，釉面呈色斑杂，青黄不一。

27. 青釉褐彩文字碗（TN19E05 ①：4）

Green glazed *wan*-bowl with russet written inscriptions

唐代（618～907 年）

口径 12.0、底径 5.0、高 5.1 厘米

敞口，弧腹，圈足。碗内与外口沿着化妆土，碗
内、外施青釉外壁施釉不及底，露灰白色胎。碗
心用褐彩书"讫卓子"三字。釉面有较多气泡。

28. 青釉碗 (H10 ③：91)

Green glazed *wan*-bowl

唐代（618～907 年）

口径 13.0、底径 5.5、高 5.5 厘米

敞口，弧腹，圈足。底足有修削痕迹。浅黄胎，碗内与外壁口沿着化妆土。青釉泛黄，外壁釉不及底。

29. 青釉敛口碗 (H10 ③∶177)

Green glazed *wan*-bowl with contracted mouth

唐代（618～907 年）

口径 11.6、足径 5.0、高 4.5 厘米

唇口内敛，弧腹，圈足。腹底相接处呈直角，有明显的旋切痕，圈足底心有炸裂。胎色青灰。器内及口沿处着化妆土，施青釉，釉不及底。

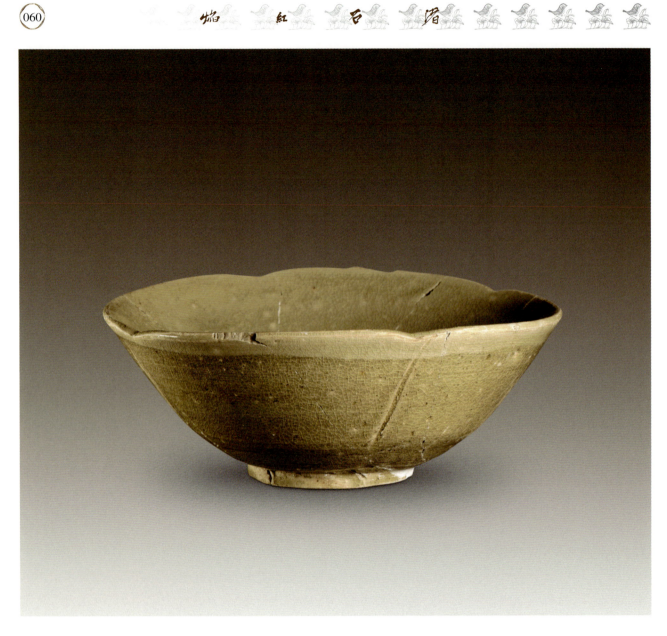

30. 青釉花口碗 (TN17E01 ③：2)

Green glazed *wan*-bowl with scalloped rim

唐代（618 ～ 907 年）
口径 18.0、底径 6.8、高 6.8 厘米

敞口，弧腹，圈足。口沿修削成四缺葵花口，
外腹壁与葵口相应的位置压印一条凹槽，
作花瓣状。碗内与外口沿着化妆土，通体
施青釉，圈足刮釉，露灰白胎。

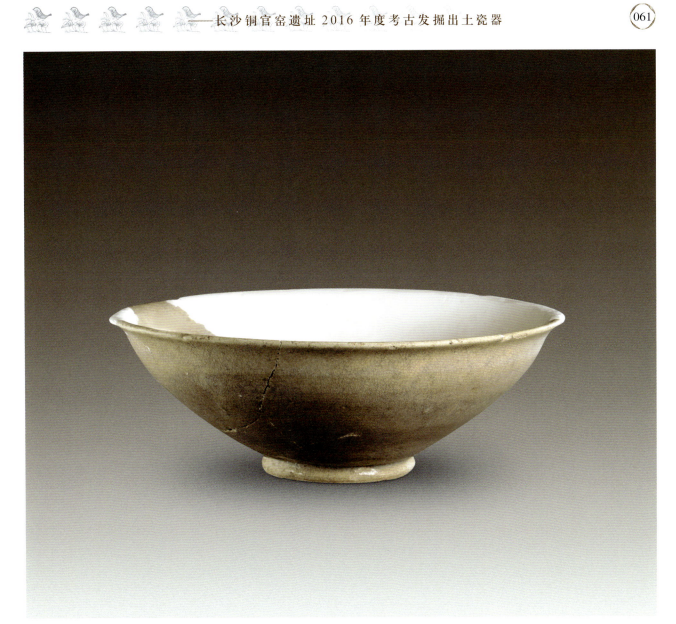

31. 青釉窑变碗 (TN20E05 ①∶8)

Green glazed *wan*-bowl with fambe traces

唐代（618～907 年）

口径 17.6、底径 6.0、高 6.1 厘米

敞口微撇，弧腹，圈足。口沿修削成四缺葵口。满施青釉，碗内釉色均匀，呈青黄色，外壁有大面积窑变，釉色发紫。足端刮釉，露灰黄胎。

32. 白釉碗 (TN15E03 ①：12)

White glazed *wan*-bowl

唐代（618～907年）
口径 14.0、底径 6.4、高 4.0 厘米

敞口，斜直腹，玉璧底。施乳浊
白釉，开片纹路清晰，釉不及底。

33. 绿釉碗（TN17E01 ①：1）

Green glazed *wan*-bowl

唐代（618～907 年）

口径 12.0、底径 5.0、高 4.5 厘米

敞口，弧腹，圈足。灰白胎。内、外施绿釉，外壁
釉不及底，釉色从口沿以下渐次变浓，开片清晰。

34. 生烧碗 (H10 ③：120)

Underfired *wan*-bowl

唐代（618～907 年）
口径 19.6、底径 6.8、高 5.3 厘米

敞口微撇，弧腹，玉璧底。底足有修削痕，底心有一条长约 4.0 厘米裂痕。胎色青灰。碗内和外口沿着化妆土，施青釉，釉面剥蚀严重。

35. 生烧碗 (H10 ③：77)

Underfired *wan*-bowl

唐代（618 ～ 907 年）
口径 14.1、底径 5.8、高 5.2 厘米

敞口，斜直腹，玉璧底。黄色胎，
生烧。碗内和外口沿着化妆土，
釉层剥蚀严重。

36. 生烧碗 (H10 ③: 125)

Underfired *wan*-bowl

唐代（618～907 年）
口径 11.4、底径 4.7、高 4.7 厘米

敞口，弧腹，圈足。底足有修削痕。青
灰胎。碗内与外口沿着化妆土，施青釉，
釉层几近完全剥蚀。

37. "江水不知行□□" 碗底 (TN15E03 ②：19)
Bowl base with brush written inscriptions reading
Jiangshui Buzhixing

唐代（618～907 年）
底径 6.4、残高 1.6 厘米

碗底。玉璧底。胎色浅黄。碗内着化妆土，釉已
剥蚀。碗内用褐彩书写"江水不知行□□"七字，
后两字残缺不全。

38. 青釉"美酒"盏 (H10 ③: 64)

Green glazed *zhan*-small bowl with brush written inscriptions
reading *Meijiu* (good wine)

唐代（618～907 年）
口径 12.5、底径 4.8、高 5.3 厘米

敞口微撇，弧腹，圈足。口沿修削成四缺花口，腹外壁与花
口相应处压四条对称的凹槽，作花瓣状。施青釉，釉不及底。
盏心用褐彩书"美酒"二字，褐书与釉层局部剥蚀。

39. 青釉"美酒"盏 (H10 ③：10)

Green glazed *zhan*-small bowl with brush written inscriptions
reading *Meijiu* (good wine)

唐代（618～907年）
口径 12.6、底径 4.7、高 4.5 厘米

敞口微撇，弧腹，圈足。口沿修削成四缺花口，腹外
壁与花口相应处压四条对称的凹槽，作花瓣状。内、
外施青釉，釉不及底，露浅黄胎。盏心用褐彩书"美
酒"二字，褐书与釉层局部剥蚀。

40. 青釉"美酒"盏 （H10 ③：41）

Green glazed *zhan*-small bowl with brush written inscriptions reading *Meijiu* (good wine)

唐代（618～907 年）
口径 12.0、底径 4.6、高 4.9 厘米

敞口微撇，弧腹，圈足。口沿修削成四缺花口，腹外壁与花口相应处压四条对称的凹槽，作花瓣状。盏内与口沿着化妆土，内、外施青釉，釉不及底。盏心用褐彩书"美酒"二字。褐书与釉层局部剥蚀。

41. "美酒盏"底（TN15E03 ①：6）

Base of green glazed *zhan*-small bowl with brush written inscriptions reading *Meijiu Zhan* (bowl filled with good wine)

唐代（618～907 年）
底径 4.8、残高 3.0 厘米

圈足。胎色斑杂。釉面剥蚀严重。盏心用褐彩书写"美酒盏"三字。

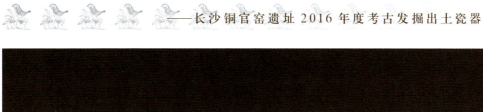

42. 青釉"泛蚁"盏（H10 ③：191）

Green glazed *zhan*-small bowl with brush written inscriptions reading *Fanyi*

唐代（618 ～ 907 年）
口径 13.4、底径 5.4、高 5.0 厘米

敞口微撇，弧腹，圈足。口沿修削成四缺花口，腹外壁与花口相应处压四条对称的凹槽，作花瓣状，内、外施青釉，釉不及底。盏心用褐彩褐书有"泛蚁"二字。局部剥蚀露浅黄胎。

43. 青釉"满路香美"盏 (H10 ③：60)

Green glazed *zhan*-small bowl with brush written inscriptions reading *Manlu Xiangmei*

唐代（618～907 年）

口径 12.8、底径 5.0、高 4.7 厘米

敞口微撇，弧腹，圈足。口沿修削成四缺花口，腹外壁与花口相应处压四条对称的凹槽，作花瓣状，下腹外壁和底足均有显著的修削痕迹。盏内与口沿着化妆土，内、外施青釉，仅足沿无釉。盏心用褐彩书"满路香美"四字。盏内壁有落渣、气泡。

44. 青釉褐彩盏托 (H10 ③: 146)

Green glazed *zhantuo*-cup stand with russet painted designs

唐代（618 ～ 907 年）
口径 14.4、底径 5.4、高 2.8 厘米

四瓣荷花口，浅腹折腰，圈足。胎色灰白。托口略内凹，
口沿削成四瓣荷花状。盏托内与口沿着化妆土，内、外满
施青釉，内壁呈色匀净，足沿刮釉。在托口与托盘口沿之
间用褐彩绘对称的四瓣荷叶。托口内有粘疤。

45. 青釉盏托 (TN19E03 ④：12)

Green glazed *zhantuo*-cup stand

唐代（618～907 年）

口径 15.2、底径 5.9、高 2.9 厘米

敞口，浅斜腹，圈足。口沿修削成花口，托口内凹以承接盏足。内、外施青釉，足端刮釉，托口内有一圈无釉露胎的粘痕。

46. 青釉褐绿彩莲花纹盘（H10 ③：57）

Green glazed *pan*-plate with russet and green painted lotus

唐代（618 ～ 907 年）

口径 25.0、底径 12.6、高 6.5 厘米

敞口，宽折沿，浅弧腹，圈足外撇。圈足镂空壶门三个。胎色灰白。通体施青釉，足端刮釉露胎。盘内彩绘丰满，用褐绿彩双线圈把盘面划分为盘沿和盘心两个装饰区，盘沿用褐绿彩绘蔓草纹，盘心用褐绿彩绘七子十六重瓣莲花纹。盘内有落渣，绿彩有多处剥蚀现象。

47. 褐绿彩荷花纹盘 (H10 ③：6)

Green glazed *pan*-plate with russet and green painted lotus

唐代（618～907年）
口径 24.2、底径 14.2、高 6.5 厘米

敞口，宽折沿，浅弧腹，圈足外撇。浅黄胎。着化妆土，釉层剥蚀严重。盘沿内、外用绿彩绘两个同心圆圈，将盘分隔盘心主题装饰区和盘沿边饰区，盘心用褐绿彩绘一株盛开于水面的莲花，盘沿绘四组褐绿彩菱形纹，间以褐彩几何曲折纹。

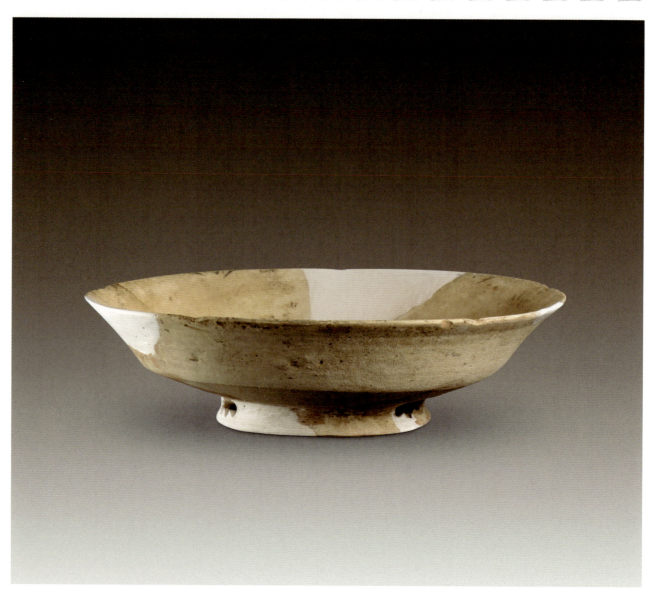

48. 青釉褐绿彩飞雁纹盘 (H10 ③：59)

Green glazed *pan*-plate with russet and green painted design of wild goose

唐代（618～907 年）

口径 26.7、底径 12.2、高 7.1 厘米

敞口作五瓣葵花状，折腹，圈足外撇。足墙有镂空壶门三个。砖红胎。盘内着化妆土，青釉泛黄，釉层剥蚀严重。盘心用褐绿彩绘一只展翅飞翔在卷云中的大雁，口沿处绘三组褐绿彩兰草纹。

49. 青釉褐绿彩鸟纹盘 (H10 ③∶47)

Green glazed *pan*-plate with russet and green painted design of bird

唐代（618～907 年）
口径 27.1、底径 16.0、高 6.4 厘米

五瓣荷花口，斜壁浅腹，圈足外撇，足沿微卷。浅黄胎。盘内着化
妆土，青釉泛黄，釉层剥蚀严重。盘内用褐绿彩沿花口绘五瓣荷叶，
盘心用褐绿彩绘一只傲立于草丛中的雄鸟，羽冠华丽，神情灵动。

50. 青釉露底褐彩花卉纹碟 (J1 ①: 13)

Green glazed *die*-saucer with brown painted design of flower

唐代（618 ～ 907 年）
口径 14.0、底径 5.8、高 4.6 厘米

敞口微撇，浅弧腹，玉璧底。灰白胎。施青釉，釉不及碟心与外底，内、外作方块形露胎，碟心露胎处残留一叠烧粘疤痕。碟口沿点缀褐色兰草，碟心用褐彩绘一多重瓣花卉。

51. 青釉褐绿彩莲花纹碟 (H10 ③：8)

Green glazed *die*-saucer with russet and green painted design of lotus

唐代（618 ～ 907 年）

口径 13.0、底径 5.2、高 4.4 厘米

敞口，圆唇，浅弧腹，玉环足。浅黄胎。碟内与口沿着化妆土，施青釉，釉色匀净。碟心用褐绿彩绘一朵七子八瓣莲花，口沿绘四组兰草纹，绿彩剥蚀较严重。

52. 青釉褐绿彩莲花童子纹碟 (H10 ③：48)

Green glazed *die*-saucer with russet and green painted design of lotus and little boy

唐代（618 ～ 907 年）

口径 12.4、底径 5.3、高 3.2 厘米

敞口，浅折腹，圈足。口沿修削成四瓣荷花口。浅黄胎。青釉泛黄，足端刮釉。内腹壁依花口绘相应的四瓣荷叶，碟心用褐绿彩绘一坐于荷叶上的化生童子，童子用褐彩勾绘，脸圆体胖，手捧荷苞，腰系结带，前后各有一荷叶围护。彩绘剥蚀较严重。

55. 青釉褐绿彩莲花纹碟 (H10 ③: 50)

Green glazed *die*-saucer with russet and green painted design of lotus

唐代（618～907 年）

口径 15.4、底径 5.6、高 4.7 厘米

敞口，浅折腹，圈足。口沿修削成四缺葵口。碟内与口沿着化妆土，
通体施青釉，釉面呈色匀净，底足刮釉，露灰黄胎。碟绘一朵褐绿彩
四子八瓣莲花，周围四个相连的莲蓬环绕，葵口间点缀四组褐绿彩兰
草纹。外壁粘连其他器物残片。

56. 青釉露底莲花纹碟 (TN17E03 ④：39)

Green glazed *die*-saucer with design of lotus on the unglazed interior

唐代（618～907 年）

口径 15.0、底径 5.6、高 4.3 厘米

敞口，弧腹，圈足。口沿修削成四缺葵口。胎色斑杂。碟内壁与外口沿着有化妆土，青釉泛黄，底心内、外无釉，作圆形露底，碟心露底处有块较大的粘疤。葵口之间点缀四组褐彩兰草纹，碟心用褐彩绘一朵重瓣莲花。

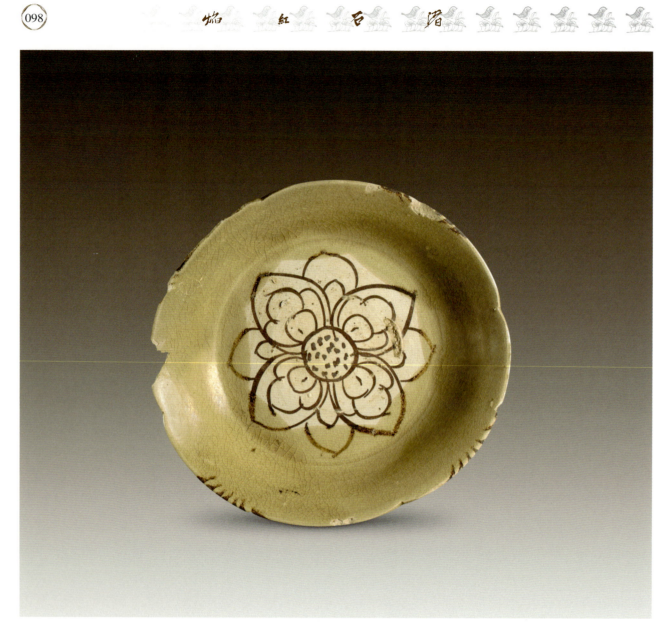

57. 青釉露底褐绿彩莲花纹碟（TN17E03 ③：1）

Green glazed *die*-saucer with russet and green painted design of lotus on the unglazed interior

唐代（618 ～ 907 年）
口径 15.0、底径 5.6、高 3.5 厘米

敞口，折腹，圈足。口沿修削成四缺葵口。施青釉，底心内、外无釉，作八边形露底，碟心有一圈粘连痕迹。葵口之间点缀褐彩兰草纹，碟心用褐彩绘一朵重瓣莲花。

长沙铜官窑遗址 2016 年度考古发掘出土瓷器 099

58. 青釉褐绿彩莲花纹碟（H20 ③：3）

Green glazed *die*-saucer with russet and green
painted design of lotus

唐代（618～907 年）
口径 15.6、底径 6.0、高 4.3 厘米

敞口，浅折腹，圈足。口沿修削成四瓣荷
花口。浅黄胎，着白色化妆土，青釉。碟
内壁依花口用褐绿彩绘四片荷叶，做花瓣
状，碟心绘一朵七子八瓣荷花，与碟内壁
大荷叶相连。彩釉大面积剥蚀。

59. 青釉褐绿彩荷花纹碟 (H10 ③ : 18)

Green glazed *die*-saucer with russet and green painted design of lotus

唐代（618～907 年）

口径 16.0、底径 6.0、高 4.0 厘米

敞口，浅折腹，圈足。口沿修削成葵口。
浅黄胎。青釉泛黄，足端刮釉露胎。用褐
绿彩在口沿上点缀兰草纹，碟心用褐绿彩
绘出水荷花，荷叶卷曲自然，荷花含苞待放，
茎干挺拔，画面生动自然。

60. 青釉褐绿彩荷花纹碟 (H10 ③∶171)

Green glazed *die*-saucer with russet and green painted design of lotus

唐代（618～907 年）

口径 16.0、底径 5.6、高 4.8 厘米

敞口，折腹，圈足。口沿修削成葵口。浅黄胎。青釉泛黄，足端刮釉露胎。葵口间用褐绿彩点缀兰草纹，碟心用褐绿彩绘一株出水荷花，一叶一苞，两束新荷，茎梗挺直。

61. 青釉褐绿彩荷花纹碟（H10 ③：150）

Green glazed *die*-saucer with russet and green painted design of lotus

唐代（618～907 年）
口径 16.6、底径 6.0、高 4.3 厘米

敞口，浅折腹，圈足。口沿修削成葵花口，外腹壁与葵口相应处各压印一条凹弦，作花瓣状。浅黄胎。青釉泛黄，彩釉剥蚀较严重，足端刮釉露胎。葵口间用褐绿彩点缀兰草纹，碟心用褐绿彩绘一株出水荷花，三叶一苞。碟心有较多粘疤。

62. 青釉褐绿彩荷花纹碟 (H10 ③：176)

Green glazed *die*-saucer with russet and green painted design of lotus

唐代（618 ～ 907 年）
口径 16.0、底径 7.0、高 3.5 厘米

敞口，圆唇，浅弧腹，平底。青釉泛黄，底部露浅黄胎。碟心用褐绿彩绘一朵七子八瓣莲花，周围绘首尾相连的四片荷叶，口沿处绘有褐绿彩兰草纹。彩绘剥蚀较严重。

63. 青釉褐绿彩荷花纹碟 (TN15E03 ②：14)

Green glazed *die*-saucer with russet and green painted design of lotus

唐代（618 ～ 907 年）
口径 15.0、底径 5.2、高 4.6 厘米

敞口，浅折腹，圈足，足心凸起。口沿修削成
四瓣荷花口。满施青釉，足端刮釉，露灰白胎。
内口沿用褐绿彩依荷花口绘相应的荷叶，碟心
绘褐绿彩简笔重瓣荷花纹。

64. 青釉褐绿彩荷花纹碟（H20 ③：2）

Green glazed *die*-saucer with russet and green painted design of lotus

唐代（618～907 年）
口径 15.0、底径 6.0、高 4.3 厘米

敞口，浅折腹，圈足。口沿修削成四瓣荷花口。满施青釉，足端刮釉，露灰白胎。内壁依花口用褐绿彩绘荷叶，做花瓣状，碟心绘一株褐绿彩荷花，一苞两叶。碟心彩釉剥蚀严重。

65. 青釉褐绿彩荷花纹碟 (H10 ①: 2)

Green glazed *die*-saucer with russet and green painted design of lotus

唐代（618～907 年）

口径 15.0、底径 5.4、高 4.0 厘米

敞口，浅折腹，圈足，足心微凸。口沿修削成葵花口。器内
与口沿着化妆土，青釉泛黄，圈足刮釉露灰白胎。碟内绘褐
绿彩绘出水荷花，新荷、荷苞、荷叶茎干挺拔，错落有致，
口沿点缀褐绿彩兰草纹。碟内有较多落渣。

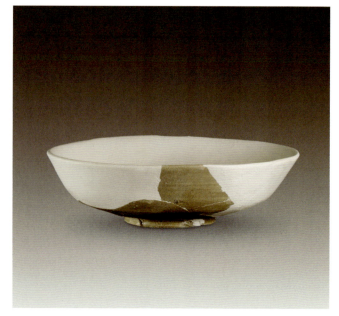

66. 青釉褐绿彩荷花纹碟 (TN15E05 ①：7)

Green glazed *die*-saucer with russet and green painted design of lotus

唐代（618～907 年）
口径 14.0、底径 5.2、高 4.0 厘米

敞口，折腹，圈足，足心略凸起。通体施青釉，
足端刮釉，露灰白胎。碟心用褐绿彩绘一重瓣
荷花纹饰，周围绘四片荷叶牵连环绕。

67. 青釉褐绿彩荷花纹碟 (TN15E03 ①：1)

Green glazed *die*-saucer with russet and green painted design of lotus

唐代（618 ～ 907 年）

口径 13.0、底径 4.6、高 3.3 厘米

敞口微撇，浅折腹，圈足。口沿修削成四缺葵
花口。灰白胎。碟内与口沿着化妆土，施青釉，
釉面呈色匀净，足端刮釉露胎，足心有裂痕。
葵口之间点缀褐绿彩兰草纹，碟心绘一株出水
荷花，三叶二苞一新荷。彩绘剥蚀严重。

68. 青釉褐绿彩菊花纹碟 (TN15E05 ②∶9)

Green glazed *die*-saucer with russet and green painted design of chrysanthemum

唐代（618～907 年）
口径 14.8、底径 5.4、高 4.2 厘米

敞口，浅折腹，圈足。满施青釉，足端刮釉，露灰白胎。口沿修削成四缺葵口，碟内用褐绿彩绘一株菊花，一花三叶，梗茎旁绘两棵小草。彩釉剥蚀较严重。

69. 青釉褐绿彩菊花纹碟 (H10 ③: 35)

Green glazed *die*-saucer with russet and green painted design of chrysanthemum

唐代（618 ～ 907 年）
口径 16.0、底径 6.0、高 4.3 厘米

葵口，外壁与葵口相应的位置各压印一条凹弧，作花瓣状。浅黄胎。满施青釉，足端刮釉露胎。碟心用褐绿彩绘一株菊花，一花四叶。绿彩剥蚀较严重。

70. 青釉褐绿彩菊花纹碟 (H10 ③ : 2)

Green glazed *die*-saucer with russet and green painted design of chrysanthemum

唐代（618 ～ 907 年）

口径 15.2、底径 5.5、高 4.0 厘米

敞口，圆唇，浅弧腹，圈足。灰白胎，施青釉，足端刮釉露胎。碟心用褐绿彩绘一株盛开的菊花，一花四叶，两只展翅的昆虫飞舞在花叶之间，菊花下绘一株小草，口沿点缀兰草纹。

71. 青釉褐绿彩菊花纹碟（H10 ③：36）

Green glazed *die*-saucer with russet and green painted design of chrysanthemum

唐代（618 ～ 907 年）
底径 6.0、残高 4.6 厘米

葵口，外壁与葵口相应的位置各压印一条凹弧，作花瓣状。浅黄胎，满施青釉，足端刮釉露胎。碟心画面完整，用褐绿彩绘一株菊花，一花四叶。绿彩剥蚀较严重。

72. 青釉褐绿彩菊花纹碟 (H10 ③: 151)

Green glazed *die*-saucer with russet and green painted design of chrysanthemum

唐代（618～907 年）
口径 14.0、底径 5.6、高 4.5 厘米

敞口，圆唇，浅弧腹，圈足。灰白胎，碟内及外口沿着化妆土。青釉泛黄，足端刮釉露胎。碟心用褐绿彩绘一株菊花，一花四叶，口沿绘四组褐绿彩兰草纹。

73. 青釉褐绿彩水草纹碟 (TN19E03 ④:9)

Green glazed *die*-saucer with russet and green painted
design of water plants

唐代（618～907 年）
口径 12.0、底径 4.4、高 3.6 厘米

敞口，浅折腹，圈足。口沿修削成荷花口。施青釉，
外壁釉层不均匀，足端刮釉。内壁在花口下相应位
置绘褐绿彩荷叶，碟心绘褐绿彩草叶，并绘有写意
的昆虫飞舞在草叶之间。内壁粘有较多窑渣。

74. 青釉褐绿彩云草纹碟（TN19E03 ④：14）

Green glazed *die*-saucer with russet and green painted design of clouds and plants

唐代（618～907 年）

底径 6.0、残高 3.4 厘米

圈足，外腹壁压印有凹槽，作花瓣状。通体施青釉，底足刮釉，露灰白胎。碟内绘用褐绿彩绘两朵卷云与三株小草。釉面呈色青黄斑杂。

75. 青釉露底褐彩花草纹碟 (J1 ①: 14)

Green glazed *die*-saucer with russet painted design
of flowers and plants on the unglazed interior

唐代（618～907 年）
口径 14.0、底径 6.0、高 4.0 厘米

敞口微撇，浅弧腹，玉璧底。灰白胎，内壁
与外口沿着化妆土。施青釉，釉不及碟心与
外底，内、外作方块形露底。碟口沿点缀褐
色兰草，碟心用褐彩绘花草纹。碟心露底处
残留一圈叠烧粘疤痕。

76. 青釉露底褐彩花草纹碟（TN11E13 ③：1）

Green glazed *die*-saucer with russet painted design of flowers and plants on the unglazed interior

唐代（618 ～ 907 年）

口径 15.4、底径 5.2、高 4.0 厘米

敞口，浅折腹，圈足。口沿修削成四缺葵花口。灰白胎。施青釉，釉不及碟心与外底，内、外作多边形露胎。葵口之间用褐彩点缀兰草纹，碟心用褐彩绘一株花草，两侧各绘一只写意的飞虫。碟心露胎处残留一圈叠烧粘疤痕，底部有裂缝穿透胎骨。

77. 青釉褐绿彩绘花卉纹碟（H10 ③出土）

Green glazed *die*-saucer with russet and green
painted design of flower

唐代（618～907 年）
残宽 15.6、底径 5.8、高 4.1 厘米

残存小半。敞口，折腹，圈足。口沿修削成
花口，碟内着化妆土。通体施青釉，底足刮釉，
露灰白胎。碟内用褐绿彩绘一株花卉。

78. 青釉褐绿彩飞凤纹碟 (TN17E01 ④：7)

Green glazed *die*-saucer with russet and green painted design of flying phoenix

唐代（618 ～ 907 年）

残长 12.4、底径 6.0、残高 2.5 厘米

满施青釉，圈足端刮釉，露灰白胎。碟内彩绘画面保存较完整，用褐绿彩绘一只飞翔在祥云中的凤鸟，飞凤振翅翘尾，引颈回首，生动传神。

79. 青釉褐绿彩飞凤纹碟 (H10 ③∶16)

Green glazed *die*-saucer with russet and green painted design of flying phoenix

唐代（618～907 年）
口径 14.8、底径 5.4、高 4.0 厘米

敞口，浅折腹，圈足。口沿修削成四缺葵花状。灰白胎，内壁与口沿着有化妆土。通体施青釉，足端刮釉露胎。碟心用褐绿彩绘一只展翅独立的凤鸟，四缺葵口之间点缀四处褐绿彩兰草纹。彩绘剥蚀较严重，碟内有粘疤，底心有裂痕。

80. 青釉褐绿彩飞凤纹碟 （H10 ③: 30）

Green glazed *die*-saucer with russet and green painted design of flying phoenix

唐代（618 ～ 907 年）

口径 16.0、底径 6.0、高 4.1 厘米

敞口，浅折腹，圈足。口沿修削成四缺葵花状。灰白胎，内壁与口沿着有化妆土。通体施青釉，足端刮釉露胎。碟心用褐绿彩绘一只在云中展翅高飞的凤鸟，四缺葵口之间点缀四处褐绿彩兰草纹。外壁有粘疤。

81. 青釉褐绿彩荷鸟纹碟（TN17E03 ④：10）

Green glazed *die*-saucer with russet and green painted design of flower and bird

唐代（618～907年）
口径14.0、底径5.6、高4.3厘米

敞口，折腹，圈足。口沿修削呈四瓣荷花口。灰白胎，碟内及外壁口沿着化妆土。满施青釉，足端刮釉露胎。内壁口沿之下与荷花口相应位置用褐绿彩绘四片荷叶，碟心绘一小鸟立于出水荷叶之上。

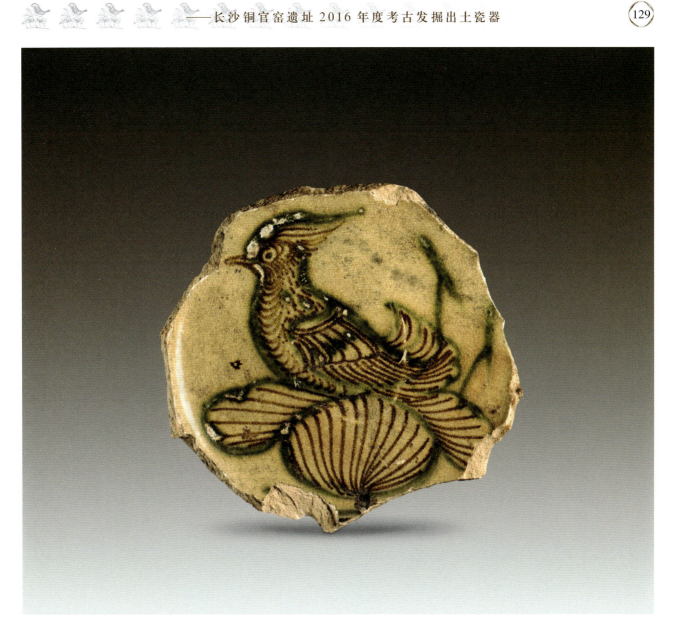

82. 青釉褐绿彩荷鸟纹碟 (TN19E03 ④：2)

Green glazed *die*-saucer with russet and green painted design of bird and lotus

唐代（618～907 年）
底径 6.2、残宽 12.1、残高 2.7 厘米

黄胎，青釉泛黄，圈足端刮釉。器内用褐绿彩绘一栖息于荷叶上的鸟。绿彩有剥蚀。

83. 青釉褐绿彩鹭纹碟（H10 ③：3）

Green glazed *die*-saucer with russet and green painted design of egret

唐代（618 ～ 907 年）

口径 15.0、底径 5.6、高 4.2 厘米

敞口，浅折腹，圈足。口沿修削成四瓣荷叶状。灰白胎，内与口沿着化妆土。通体施青釉，足端刮釉露胎。碟心用褐绿彩绘一只站立在水草间的鹭鸶，碟内壁用褐绿彩依口沿形态绘四瓣荷叶。绿彩剥蚀较严重。

84. 青釉褐绿彩鹭纹碟（H10 ③：141）

Green glazed *die*-saucer with russet and green painted design of egret

唐代（618～907年）

口径 15.7、底径 5.8、高 4.3 厘米

敞口，浅折腹，圈足。口沿修削成四瓣葵花状。浅黄胎，内壁与口沿着有化妆土。满施青釉，足端刮釉露胎。葵口之间绘褐绿彩兰草纹，碟心用褐绿彩绘一只站立于水草中的鹭鸶。绿彩剥蚀较严重，外壁有粘疤。

 85. 青釉褐绿彩鹭纹碟 (H10 ③: 148)

Green glazed *die*-saucer with russet and green painted design of egret

唐代（618～907年）

口径 16.0、底径 6.1、高 4.0 厘米

敞口，圆唇，浅腹折收，平底。浅黄胎，内壁与口沿着有化妆土。
青釉泛黄，底无釉露胎，有粘疤。碟心用褐绿彩绘一只站立在
水草中凝神远望的鹭鸶，绿彩剥蚀较严重。

86. 青釉褐绿彩鹭纹碟（H10 ③：139）

Green glazed *die*-saucer with russet and green
painted design of egret

唐代（618～907年）

口径 12.8、底径 5.6、高 4.3 厘米

敞口，圆唇，浅弧腹，圈足。灰白胎，碟
内及外口沿着化妆土。施青釉，碟心釉色
匀净，足端刮釉露胎。碟心用褐绿彩绘一
只鹭鸶立于水草之间，凝神远望，口沿处
绘四组褐绿彩兰草纹。

87. 青釉褐绿彩鹭纹碟（H10 ③：149）

Green glazed *die*-saucer with russet and green
painted design of egret

唐代（618～907年）
口径12.4、底径5.3、高3.2厘米

敞口，浅折腹，圈足。口沿修削成四瓣荷
花口。浅黄胎，器内与外口沿着有化妆
土。青釉泛黄，足端刮釉。内壁用褐绿
彩依花口绘相应的四瓣荷叶，碟心用褐
绿彩绘一站立于水草间凝神观望的鹭鸶。
彩绘剥蚀较严重。

88. 青釉褐绿彩飞燕纹碟（H10 ③：1）

Green glazed *die*-saucer with russet and green painted design of flying swallow

唐代（618 ～ 907 年）

口径 15.0、底径 5.3、高 4.0 厘米

敞口，浅折腹，圈足。口沿修削成四缺葵花状。胎色灰白，满施青釉，足端刮釉露胎。碟心用褐绿彩绘一只振翅欲飞的长尾鸟，鸟身前后绘三株小草，口沿处绘褐绿彩兰草纹。绿彩剥蚀较严重。

89. 青釉褐绿彩飞雁纹碟 (H10 ③：147)

Green glazed *die*-saucer with russet and green painted design of flying wild goose

唐代（618～907 年）

口径 16.8、底径 6.0、高 4.4 厘米

敞口，浅折腹，圈足。口沿修削成葵口。浅黄胎，器内与外口沿着有化妆土。青釉泛黄，足端刮釉露胎，有粘渣。碟心用褐绿彩绘一只昂首引颈、振翅高飞的大雁，雁身下绘一朵卷云。

90. 青釉褐绿彩飞雁纹碟 (H10 ③：12)

Green glazed *die*-saucer with russet and green painted design of flying wild goose

唐代（618～907 年）

口径 16.4、底径 6.3、高 4.4 厘米

敞口，浅折腹，圈足。口沿修削成四瓣荷叶状。胎色浅黄，碟内与外壁口沿着有化妆土。青釉泛黄，足端刮釉露胎。碟心用褐绿彩绘一只在卷云中昂首引颈、展翅高飞的大雁，碟内壁用褐绿彩依口沿形态绘四瓣荷叶。

93. 青釉褐绿彩飞雁纹碟 (H10 ③：68)

Green glazed *die*-saucer with russet and green painted design of flying wild goose

唐代（618～907 年）
口径 14.4、底径 5.4、高 4.0 厘米

敞口，浅折腹，圈足。口沿修削成四瓣葵花口。灰白胎，碟内着化妆土。施青釉，釉色匀净，足端刮釉露胎。碟心用褐绿彩绘一在卷云中振翅高飞的大雁，葵口之间绘四组褐绿彩兰草纹。

94. 青釉褐绿彩飞雁纹碟（H10 ③：140）

Green glazed *die*-saucer with russet and green painted design of flying wild goose

唐代（618～907 年）

口径 15.0、底径 5.6、高 4.0 厘米

敞口，浅折腹，圈足。口沿修削成四瓣葵花口，外腹壁与四处葵口对应处各压印一条凹弦，作花瓣状。灰白胎，碟内着化妆土。施青釉，釉色匀净，足端刮釉露胎，有粘渣。碟心用褐绿彩绘一昂首引颈、振翅高飞的大雁，身下绘一株小草，葵口之间绘四组褐绿彩兰草纹。

95. 青釉褐绿彩飞雁纹碟 (H10 ③：194)

Green glazed *die*-saucer with russet and green painted design of flying wild goose

唐代（618～907 年）
口径 13.8、底径 5.0、高 3.8 厘米

敞口，折腹，圈足。口沿修削成四缺葵口。灰白胎，碟内及外壁口沿着化妆土。通体施青釉，足端刮釉，露灰白胎。葵口之间点缀褐绿彩兰草纹，碟心用褐绿彩绘振翅高飞的大雁，雁身下绘一株小草。

96. 青釉褐绿彩鸟纹碟（TN20E05 ①：1）

Green glazed *die*-saucer with russet and green
painted design of bird

唐代（618 ～ 907 年）

底径 5.8、高 4.0 厘米

敞口，浅折腹，圈足。灰白胎，满施青釉，
足端刮釉露胎。碟心用褐绿彩绘一只立于
枝叶上的雀鸟。

97. 青釉褐绿彩鸟纹碟 (H10 ① : 4)

Green glazed *die*-saucer with russet and green painted design of bird

唐代（618 ～ 907 年）

口径 15.4、底径 5.6、高 5.4 厘米

敞口，弧腹，玉环足。碟内用褐绿彩绘一只立与草叶中凝神观望的雀鸟，口沿点缀褐绿彩兰草纹。施青釉，外壁釉不及底。足沿有修削痕与指甲痕。

98. 青釉露底褐彩鸟纹碟 (J1 ①: 7)

Green glazed *die*-saucer with russet and green painted design of bird on the unglazed interior

唐代（618 ～ 907 年）

口径 15.4、底径 6.0、高 4.0 厘米

敞口，浅折腹，玉璧底。灰白胎，器内与外币口沿着有化妆土。施青釉，釉不及碟心与外底，内、外作方块形露底，碟心露底处残留一圈叠烧粘疤痕。碟心用褐彩绘一只立于草丛中的小鸟。

99. 青釉褐绿彩鸟纹碟（H10 ③：138）

Green glazed *die*-saucer with russet and green painted design of bird

唐代（618 ～ 907 年）

口径 15.8、底径 5.6、高 3.8 厘米

敞口，浅折腹，圈足。口沿修削成四瓣荷花口。胎色灰白，碟内与外口沿着化妆土。通体施青釉，足端刮釉露胎，有粘疤。碟内壁用褐绿彩依口沿形态绘四瓣荷叶，碟心用褐绿彩绘一只口衔枝条、展翅飞翔的雀鸟。绿彩剥蚀严重。

100. 青釉褐绿彩鸟纹碟 (J1 ①: 9)

Green glazed *die*-saucer with russet and green painted design of bird

唐代（618～907年）
口径 15.0、底径 6.0、高 4.0 厘米

敞口，浅弧腹，圈足。口沿修削成四瓣荷花口。灰白胎，碟
内着化妆土。满施青釉，釉面呈色匀净，足端刮釉，露胎红。
碟内壁依花口用褐绿彩绘四片荷叶，做花瓣状，碟心绘一只
立于枝叶上的雀鸟。

103. 青釉褐绿彩鸟纹碟 (H10 ③：13)

Green glazed *die*-saucer with russet and green
painted design of bird

唐代（618～907年）
口径 16.6、底径 6.0、高 4.85 厘米

敞口，浅折腹，圈足。口沿修削成四缺葵
花状。灰白胎，碟内着化妆土。通体施青釉，
足端刮釉露胎。碟心用褐绿彩绘一口衔枝
条、展翅高飞的雀鸟，口沿用褐绿彩点缀
兰草纹。碟内气泡较多，彩绘画面模糊。

104. 青釉褐绿彩鸟纹碟（H10 ③：17）

Green glazed *die*-saucer with russet and green painted
design of bird

唐代（618～907 年）

口径 13.3、底径 5.2、高 4.2 厘米

敞口，浅折腹，圈足。口沿修削成四缺葵口。
浅黄胎，碟内着化妆土。青釉泛黄，足端刮釉。
碟心用褐绿彩绘一只立于草叶中的雀鸟，四缺
葵口间点缀褐绿彩兰草纹。

105. 青釉露底八边形鸟纹碟 (TN17E03 ④: 5)

Green glazed *die*-saucer with russet painted design of bird on the unglazed interior

唐代（618～907 年）

口径 15.6、底径 5.4、高 4.0 厘米

敞口，浅弧腹，圈足。口沿修削成四缺葵花口。灰白胎，碟内及外壁口
沿着化妆土。施青釉，内外底无釉部分作八边形露底。葵口之间用褐彩
点缀兰草纹，碟心在八边形露底处用褐彩绘一只立于草丛中、回首远望
的雀鸟，有开光装饰效果。

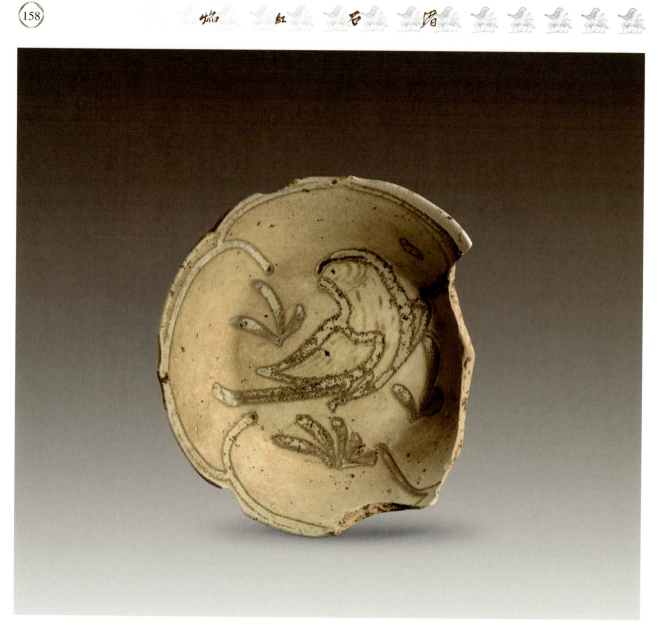

106. 生烧鸟纹碟（TN17E03 ④：19）

Underfired *die*-saucer with bird design

唐代（618～907 年）
口径 13.5、底径 5.2、高 3.9 厘米

敞口，浅折腹，圈足。口沿修削成四
瓣荷花口。浅黄胎，碟内着化妆土。
内腹壁依花口绘相应的四瓣荷叶，碟
心用褐绿彩绘一只站立于草丛中回首
观望的雀鸟。彩釉剥蚀严重。

107. 青釉"赵园"题记碟 (H10 ③: 55)

Green glazed *die*-saucer with brush written inscriptions reading *Zhaoyuan*

唐代（618 ～ 907 年）
口径 17.0、底径 6.3、高 4.1 厘米

敞口，折腹，圈足，足心凸起。口沿修削成四瓣花口，外腹部与花口相应处按压四道凹槽。灰白胎，碟内着化妆土，内、外施青釉，足端刮釉露胎。碟心用褐彩书写"赵园"二字。

108. **青釉碟** (H10 ③：9)

Green glazed *die*-saucer

唐代（618～907 年）

口径 14.0、底径 5.4、高 3.0 厘米

敞口，方唇，斜腹，平底。口沿修削成四缺
葵花状，葵口之间的边沿修削成方唇，与葵
口相对应的腹壁压印四处凹弧，整体呈倭角
亚字形。灰白胎。施青釉，碟内釉面有较多
落渣，底未施釉，有一圈带釉的叠烧痕。

 109. 青釉碟 (H10 ③：154)

Green glazed *die*-saucer

唐代（618 ～ 907 年）

口径 13.5、底径 4.9、高 3.7 厘米

敞口，圆唇，浅弧腹，玉璧底。
灰白胎。碟心与外壁口沿处着化
妆土，四边施青釉，釉不及碟心
与外底，形成四边形露底纹样。

110. 青釉碟 (TN17E03 ④: 38)

Green glazed *die*-saucer

唐代（618～907年）

口径13.6、底径5.0、高3.2厘米

敞口，浅弧腹，碟心平折，玉璧底。灰
白胎，碟内着化妆土。施青釉，釉不
及碟心与外底，形成四边形露底纹样。

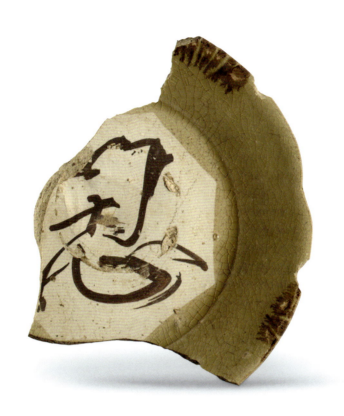

111. 青釉"忍"字碟（TN17E03 ④：44）

Green glazed *die*-saucer with a brush written inscription *ren*

唐代（618 ～ 907 年）

底径 5.4、高 3.4 厘米

敞口，折腹，圈足。口沿修削成葵口。灰白胎，碟内
着化妆土。内、外施青釉，釉不及碟心与外底，形成
多边形露底。碟心露底处用褐彩书写一"忍"字，葵
口之间用褐彩绘兰草纹。碟心露底处有一圈圆形粘疤。

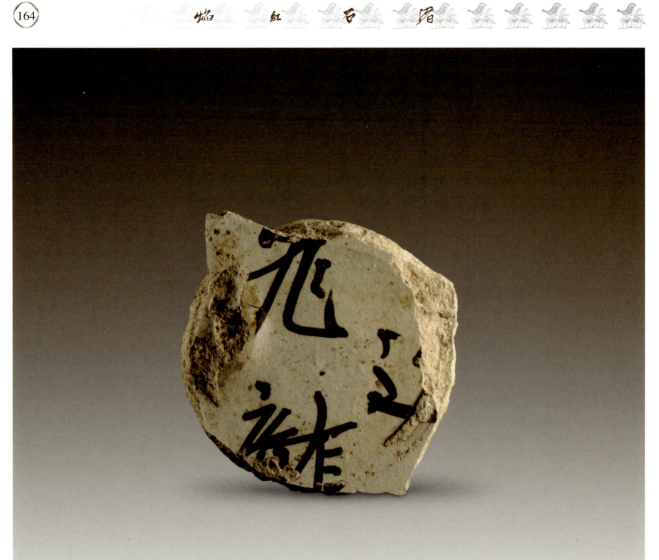

112. "飞龙进（宝）"碟底 (TN15E03 ③: 2)

Base of *die*-saucer with brush written inscriptions reading
fei long jin bao

唐代（618～907 年）

足径 5.1、残高 1.1 厘米

残底，圈足。灰白胎。碟心内用褐彩书有"飞龙进"
三字，"飞龙"二字均有残缺，但尚可辨识，"进"
字残存"辶"，从布局看，"进"字左侧应还有一
字，应为"飞龙进宝"。

 113. 青釉碟底（TN17E03 ④：15）
Base of green glazed *die*-saucer

唐代（618 ～ 907 年）
残宽 9.0、底径 5.6、残高 2.3 厘米

残底，圈足。灰白胎，碟内着化妆土。
青釉，施釉不及碟心与外底。碟心用褐
彩绘一人物形象，头戴官帽，手握一物。

114. 青釉褐斑盘口水注 (H10 ③：44)

Green glazed *shuizhu*-juglet with a dished mouth
and brown splashs

唐代（618 ～ 907 年）

口径 4.6、底径 5.0、高 8.2 厘米

盘口已残，束颈，溜肩，弧腹，平底。肩
部粘附一多棱短流，流的对称一侧在肩与
盘口之间粘接一弓形柄。青灰胎。施青釉，
有细密的冰裂纹，釉不及底，流、弓形柄
相连的口沿及肩部各有一圆形褐色釉斑。

115. 青釉瓜棱执壶 (H10 ③: 24)

Green glazed *zhihu*-ewer with a melon-shaped belly

唐代（618～907 年）
口径 10.6、底径 11.6、高 19.3 厘米

撇口，直筒颈，溜肩，四瓣瓜棱形腹，平底。肩前置八棱短流，后在肩颈间置弓形柄，柄中有两条凹槽。青灰胎，施青釉，釉不及底，釉面有较多黑色斑点。流下用红褐彩绘一束盛开的水草，三只展翅昆虫飞舞于水草的茎叶之间。

116. 青釉瓜棱执壶 (H10 ③：33)

Green glazed *zhihu*-ewer with a melon-shaped belly

唐代（618 ～ 907 年）
口径 9.4、底径 7.6、高 19.4 厘米

喇叭形口，溜肩，鼓腹，平底内凹。肩前置多棱
短流，后有残柄，腹作四瓣瓜棱形。灰白胎。器
表着化妆土，施青釉，釉不及底，有较多气孔。

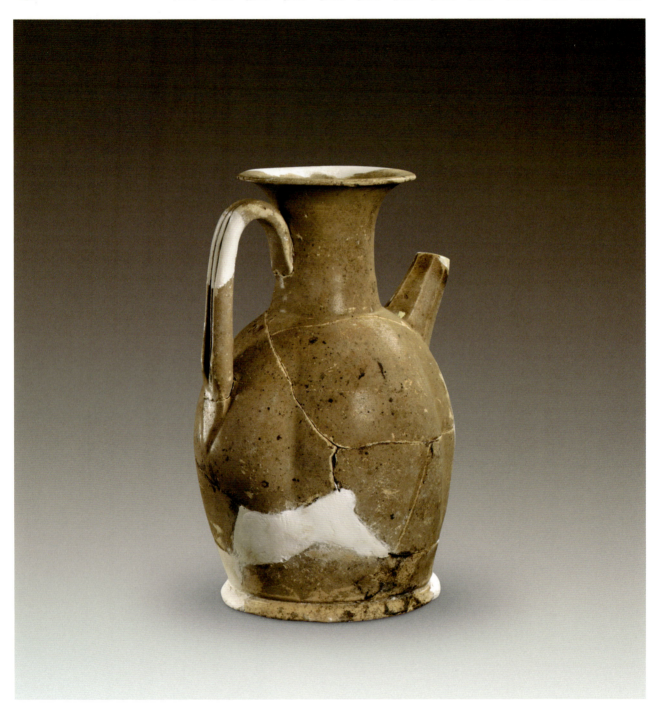

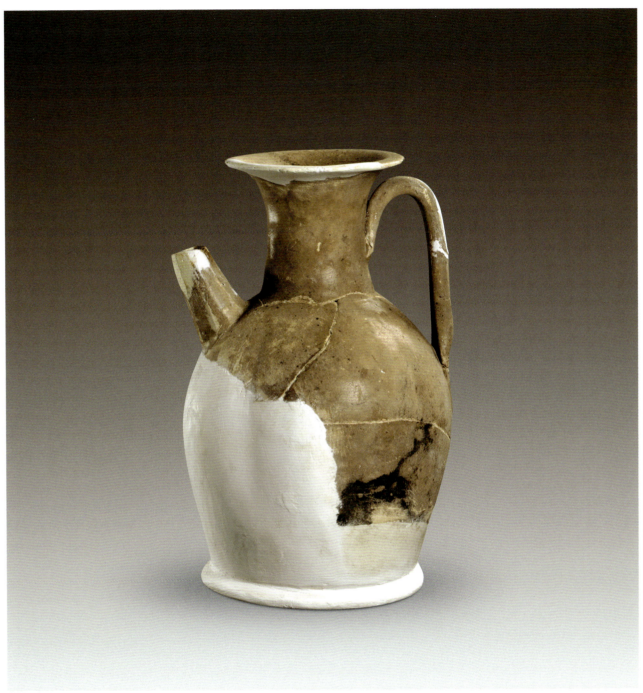

117. 青釉瓜棱执壶（TN19E03 ⑤ B：2）

Green glazed *zhihu*-ewer with a melon-shaped belly

唐代（618 ～ 907 年）

口径 8.4、底径 10.4、高 19.8 厘米

侈口，长颈，溜肩，鼓腹斜收，平底外侈。肩部安多棱直流，肩颈之间安弓形柄，柄中印有两条凹槽，腹部压印四道凹槽，作瓜棱状。浅黄胎，外壁与内口沿施青釉，外壁施釉不及底，釉层剥蚀较严重。

118. 白釉横柄壶 (H10 ③∶15)

White glazed *hu*-ewer with a horizontal handle

唐代（618 ～ 907 年）
口径 5.0、底径 9.6、高 21.2 厘米

直口，唇沿外翻，长颈，丰肩，收腹，平底内凹。肩部前置
管状曲流，流下有粘疤，一侧置横柄，与流成直角，柄上残
存一模印的"上"字，柄尾端残断。胎色灰白。通体施乳白釉，
足端刮釉一圈，壶身四周随意点洒稀疏的褐彩，独具意趣。

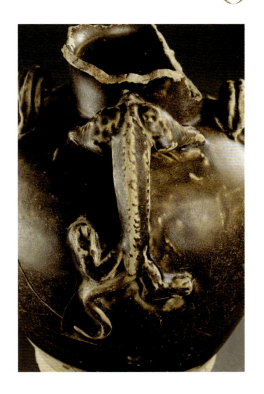

 119. 酱釉龙柄执壶（H10 ⑥：1）

Brown black glazed *zhihu*-ewer with a dragon-shaped handle

唐代（618 ～ 907 年）

底径 10.4、腹径 17.2、残高 20.0 厘米

直颈，溜肩，圆鼓腹，平底。肩前置八棱短流，两侧各安一桥形系，系中有条状凸起，肩后贴塑四足龙形柄，龙颈贴于壶颈，壮硕的前足立于壶肩，龙身弓起，龙脊高凸，满饰龙鳞，后足一前一后贴附于壶腹，做攀爬状，龙尾卷曲紧贴壶腹，雕塑生动，极具力感。灰白胎。施酱釉，釉不及底，近底处在酱釉之下可见一段青釉，或为增加釉面的呈色效果而先施一层青色底釉。

120. 酱釉执壶（H10 ③：14）

Brown black glazed *zhihu*-ewer

唐代（618 ～ 907 年）

口径 9.0、底径 10.5、高 18.3 厘米

侈口，粗直颈，溜肩，上腹圆鼓下腹内收，平底。肩颈之交处有三道弦纹，肩部前置一多棱短流，后于肩颈间置 "3"形曲柄，柄中有一条凹槽，腹作六瓣瓜棱状。灰白胎。施酱釉，外壁釉不及底。

121. 青釉盘口执壶（H10 ③：11）

Green glazed *zhihu*-ewer with dished mouth

唐代（618 ~ 907 年）

口径 7.7、底径 8.8、高 16.5 厘米

盘口，束颈，圆肩，上腹圆鼓下腹斜收，
平底内凹。灰白胎，肩部前置短流，两侧
各置一桥形系，后有残把，腹部作四瓣瓜
棱形。器表着化妆土，施青釉，釉不及底。

122. 青釉双系罐（TN17E01 ④: 1）

Green glazed double-loop jar

唐代（618～907年）

口径 12.0、底径 12.6、高 13.0 厘米

唇沿外卷，矮直领，溜肩，鼓腹，平底。肩部立两个桥形系，腹部压印四条凹槽，作瓜棱状。施青釉，釉不及底。釉面剥蚀较严重。

唐代（618 ～ 907 年）
口径 19.2、底径 22.2、高 24.9 厘米

撇口，矮直颈，圆肩深腹，平底。肩附拱形双系，
系为模制而成，系根部呈羊角形。下腹近底处釉面
有分层错叠现象，先施青釉，再罩酱釉，釉不及底。

124. 酱釉双系罐 (TN15E05 ④: 13)

Brown dark glazed double-loop jar

唐代（618～907年）
口径 13.6、底径 15.2、高 19.4 厘米

直口，圆唇微外撇，溜肩，鼓腹，平底。肩部附立两个对称的圆孔方系，系为模制而成，根部形似令牌，饰有四个乳钉，贴于罐腹。罐下腹部近底处可见化妆土、青釉和酱釉三层，从器表釉层叠压和流动的情形看，先着化妆土，再施青釉，最后罩酱釉，釉不及底，釉面剥蚀较严重。

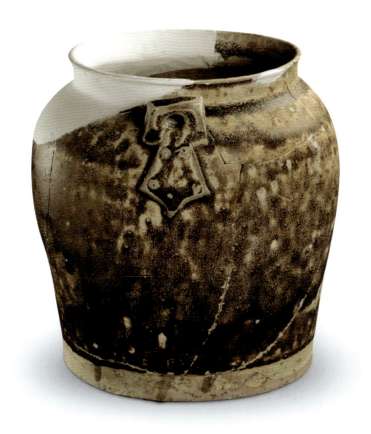

 125. 青釉钵（TN19E03 ⑤ B：1）
Green glazed *bo*-bowl

唐代（618～907年）
口径 22.4、底径 13.0、高 11.0 厘米

敛口，平唇，扁鼓腹，平底。灰白胎。
器内壁及外壁上半部着化妆土，施青釉，
釉面光润，有较多大小不一的气泡，外
壁下部与底无釉露胎。

126. 青釉褐绿点彩钵 (H10 ③: 192)

Green glazed *bo*-bowl with russet and green stipplings

唐代（618 ～ 907 年）

口径 19.4、底径 10.4、高 9.0 厘米

直口，圆唇外凸，深腹，圜底近平。器内与外
壁上部着化妆土，施青釉，外腹壁下部与底无
釉，露灰白胎，可见拉坯形成的细弦纹。器内
用褐绿点彩绘连珠式树形纹饰。

石渚

127. 青釉褐绿彩花卉纹盆 (TN18E05 ④ A：8)

Green glazed *pen*-basin with russet and green painted floral design

唐代（618～907 年）

口径 26.6、高 11.5 厘米

大敞口，沿外撇，深弧腹，圜底近平，外底心微内凹。浅
黄胎，青釉泛黄，外壁釉不及底。器心用褐绿彩绘一株花卉，
口沿绘四株褐绿彩兰草纹饰。

128. 青釉褐绿彩摩羯鱼纹盆（TN18E05 ④：6）

Green glazed *pen*-basin with russet and green painted design of Capricorn

唐代（618～907年）
口径 26.4、高 8.5 厘米

大敞口，沿外撇，深弧腹，圜底近平，外底心微内凹。浅黄胎，青釉泛黄，外壁釉不及底。器心用褐绿彩绘一株花卉，口沿绘四株褐绿彩兰草纹饰。

129. 火盆 (H10 ③：184)

Huopen-fire pan

唐代（618～907 年）

口径 32、残高 6.2 厘米

敞口，宽折沿，浅直腹，大平底，五
兽足。夹砂红褐陶。折沿处饰五道凹
弦纹，外腹壁置五个兽足，兽足之间
饰一小兽面贴塑，足已残断。

130. 绿釉茶铛 (H10 ③: 28)

Green glazed *Cheng*-tripod jar

唐代（618～907 年）

口径 15.4、高 12.3 厘米

折沿微上翘，深垂腹，圜底，口沿上有对称的两云状
立耳，底部附三足，底心有圆纽形凸起。胎色灰白。
内施绿釉，外为素胎，仅足部与器身连接处施酱釉。

131. 碗形擂钵 (H10 ③: 182)

Grinding bowl

唐代（618～907年）

口径 17.8、底径 6.6、高 5.0 厘米

敞口，圆唇，弧腹，玉璧底。器内与外口沿着化妆土，
用四齿刻划工具在器心刻划不规则四线方框，方框内
刻划十字，作花蕊，器内壁用四齿刻划工具在不同方
向交互刻划，刻作放射状花瓣，口沿内、外青釉色一圈，
器心与外底无釉，露青灰胎。

132. 青釉茶则（TN17E01 ④∶8）

Green glazed *chaze*-spoon

唐代（618 ～ 907 年）

残长 4.5、残高 1.8 厘米

柄已残断。匙形，平底。青釉泛黄，则底无釉，露浅黄胎。

 133. 釜 (H11 ①：3)

Fu-cooking or heating vessel

唐代（618 ～ 907 年）

口径 29.6、高 12.4 厘米

敞口，宽折沿，球形腹，圜底。器内表面局
部残存青釉，釉面剥落严重，露化妆土。外
壁露砖红色素胎，夹有较多石英砂砾。圜底
局部呈灰黑色，应为火烧痕迹。

134. 青釉四足炉 (TN20E05 ①：13)

Green glazed four-legged *Lu*-Censer

唐代（618～907 年）

口径 8.0、高 5.6 厘米

直口，外折唇，扁直腹折收，腹底相交处外凸，外凸处着附四个柱形足，平底。内壁近口沿处、外壁及四足上部施青釉，唇沿与底无釉，露灰白胎。

 135. 青釉灯 (TN19E03 ④：4)
Green glazed deng-lamp

唐代（618 ～ 907 年）
底径 9.2、口径 12.2、高 17.6 厘米

盏形灯盘，碗形承盘，圆形灯柱，圆饼
形灯座。承盘与灯座之间的灯柱上有一
圆孔。浅黄胎。青釉泛黄，座底无釉。

136. 青釉碗形灯 (J1 ①:3)

Green glazed bowl-shaped *deng*-lamp

唐代（618～907年）
口径 17.6、底径 10.8、高 7.0 厘米

敞口，圆唇，深弧腹，圈足。碗心有一
圆形孔洞，灯柱已残断。灰白胎。器内
壁及外壁口沿施青釉。

137. 青釉盒 (TN15E01 ④:5)

Green glazed *he*-box

唐代（618～907年）
身长 6.5、高 2.2 厘米

子口方唇，浅直腹，平底。盒身
作三曲如意形。灰白胎。外腹壁
施青釉，盒内与底露胎。

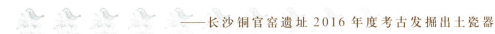

138. 乳白釉器盖（TN15E03 ④ :11）

Milky white glazed lid

唐代（618 ～ 907 年）

盖面径 6.8、高 6.0 厘米

宝珠纽，盖面隆起作覆钵状，渐平后折直成盖檐，内作卵口以与器物口沿相扣合，内榫头略高出盖檐，整体呈塔形。盖面施乳浊白釉，有细密的冰裂纹，垂直向裂纹大多长于横向裂纹，内无釉，露灰白色胎。

139. 青釉漏斗（TN19E01 ④∶1）

Green glazed *loudou*-funnel

唐代（618～907年）
口径18.8、高6.6厘米

大敞口，弧腹斜收，小漏孔。漏斗内、外
施青釉色，外腹壁上半部施釉后刻有"人"、
"张"等字样，字间有明显的涂抹痕迹，
口沿与外腹壁下部不施釉，露青灰胎。外
壁漏嘴旁有一圈粘痕。

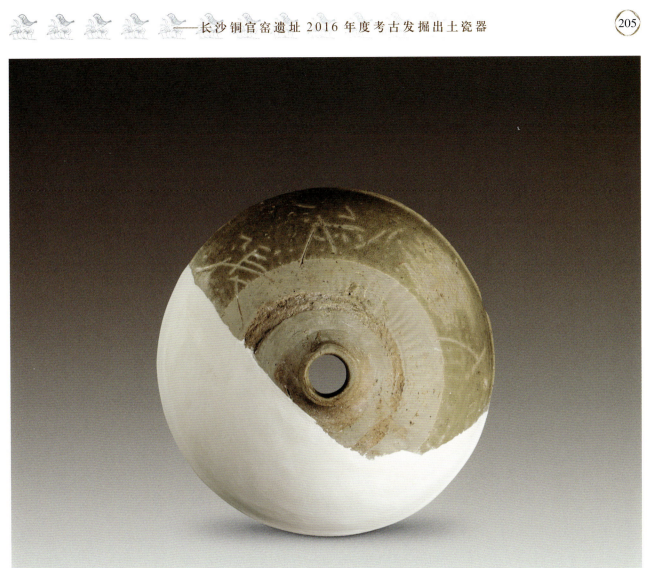

 140. 青釉器座（H4 ①：10）
Green glazed stand

唐代（618～907 年）
面径 21.2、足径 20.4、高 10.6 厘米

盘形座面，喇叭形高圈足，足背作一道
凸棱。灰白胎。施青釉，座面刮一涩圈，
且有圆弧形粘疤痕，釉面剥落较严重。

141. 酱釉纺轮 (H10 ③：197)

Brown black glazed spinning wheel

唐代（618 ～ 907 年）
直径 3.8、厚 1.7 厘米

扁圆，腹中微鼓，中心有一直径约 1.1
厘米的圆孔，形似算珠。灰白胎。外
壁施酱釉，有粘疤。

 142. 青釉褐绿彩荷花纹盆底 (H10 ③：201)

Base of basin with russet and green painted design of lotus

唐代（618 ～ 907 年）
残底径 16.0、残高 5.0 厘米

大圈足。灰白胎。施青釉，圈足足沿刮釉。盆内绘
褐绿彩出水荷花纹。

143. 刻字器底 (TN18E07 ④ B：4)

Base with incised inscripions

唐代（618～907 年）
残高 3.5、残长 7.8 厘米

大圈足。器内刻划 "乙己化" 等字。
内施青釉，外施酱釉。

144. 刻字器底 (TN19E03 ④∶8)

Base with incised inscripions

唐代（618 ～ 907 年）

底径 5.7、残高 1.9 厘米

玉璧底残片。青釉泛黄，碗心刻一"彙"字，刻痕划破釉面深入胎骨，应该是在碗坯着釉之后所刻，或作火照之用。外底足无釉，露灰白胎。

145. 碗碟叠烧标本（TN17E01 ④：12）

Sample of stacked burning

唐代（618～907 年）
口径 15.8、底径 5.4、高 4.2 厘米

碟敞口，弧腹，玉璧底，施青釉，碟心内、外无釉、
方块形露胎，露胎处用褐彩绘鸟纹。碟上叠置一青
釉碗，碗底粘在碟心露胎处，碗口沿与碟口粘连。

146. 碗碟叠烧标本（H13 ①：1）

Sample of stacked burning

唐代（618 ～ 907 年）

残宽 15.0、通高 6.0 厘米

碗敞口，斜腹，玉璧底。灰白胎。满施青釉，足端刮釉。碟撇口，弧腹，玉环底，碟心露胎，用褐彩绘有花卉纹，灰白胎。碗底叠于碟心露胎处，碗壁与碟口粘连。

147. 碟叠烧标本 （TN15E05 ④：19）

Sample of stacked burning with unglazed interior and foot ring

唐代（618～907 年）

残高 3.4 厘米

两碟叠烧，变形严重。上碟残存大半，敞口，折腹，圈足，口沿修削成葵口，边沿饰褐彩兰草，碟心绘褐彩花草，灰白胎，满施青釉，足端刮釉。下碟较完好，已变形，形态与上碟相近，唯碟心内外无釉、露胎。上碟底足直接叠置在下碟露胎之处，这种露胎叠烧法不需要间隔具，便捷高效，常见于长沙铜官窑各窑场中。

 148. 碟、泥圈粘连标本 (TN19E06 ①：23)

Sample of clay ring sticking to *die*-saucer

唐代（618～907 年）

口径 15.0、底径 6.0、高 4.5 厘米

敞口，浅折腹，圈足。碟口沿修削成葵花口，
碟内与外口沿着化妆土，再于化妆土上用褐彩
绘花草纹，葵口之间点缀褐彩兰草纹。内、外
施青釉，釉不及碟心与外底，碟心无釉处粘有
一个泥圈。

 149. 匣钵（TN17E01 ③：4）

xiabo-sagger

唐代（618～907 年）

口径 18.0、底径 20.0、高 8.0 厘米

矮直筒形，直腹略内倾，外壁有手
指拉坯痕，平底。夹砂胎。

 150. 匣钵（H10 ①：5）

xiabo-sagger

唐代（618 ～ 907 年）
残口径 21.5、底径 22.0、高 7.8 厘米

矮直筒形，直腹略内倾，外壁有手指拉坯痕，平底。外底灰白色，底沿有一圈火红色。夹砂胎。

151. 火照 （H10 ③：143）

huozhao-temperature testing sherd

唐代（618～907年）

长 13.3、宽 6.0、高 3.0 厘米

用玉璧底碗坯底切成。浅黄色胎，略有削修，碗壁近底处挖一圆孔，在圆孔两侧刻划由一横四竖组成的字符各一处。碗坯内、外壁部分区域施青釉，表面粘有较多窑渣。

152. 火照 （TN15E05 ④：10）

huozhao-temperature testing sherd

唐代（618～907年）

口径 13.0、底径 4.8、高 4.0 厘米

在碗坯底心挖一圆形孔洞而成，圆孔直径约 1.8 厘米。碗坯敞口，弧腹，玉璧底。碗内、外施青釉，内壁及外壁上半部分着化妆土。

153. 火照（H10 ③：144）

huozhao-temperature testing sherd

唐代（618 ～ 907 年）
底径 5.4、残高 2.7 厘米

玉璧底碗底残件。在碗内刻划"地"字，深入胎骨。青灰胎。施青釉，外部露胎。

154. 火照（H10 ③：168）

huozhao-temperature testing sherd

唐代（618 ～ 907 年）
长 13.8、宽 6.2、高 4.5 厘米

用玉环底碗坯底切成，略有削修，碗壁近底处挖一圆孔，在圆孔附近刻划由一横四竖组成的字符各共三处。浅黄色胎。碗坯内、外壁施青釉，釉不及底，表面粘黏窑渣。

155. 火照 (TN17E03 ④：32)

huozhao-temperature testing sherd

唐代（618～907 年）

口径 10.4、底径 2.6、高 4.5 厘米

用盏坯制成。盏坯敞口，弧腹，玉壁底。在盏下腹近底处挖一直径约2.5 厘米的圆孔。灰白胎。内、外施青釉，外壁釉不及底，口沿处刮釉。外壁粘有较多窑渣。

156. 火照（H17 ①：6）

huozhao-temperature testing sherd

唐代（618～907 年）
残宽 6.8、残高 3.0 厘米

用碗坯切割而成，一侧可见笔
直的切割痕迹，外壁刻一"张"
字。灰白胎。施青釉，口沿处
与外壁粘有较多窑渣。

157. 火照（TN15E05 ①：21）

huozhao-temperature testing sherd

唐代（618～907 年）

残长 13.4、残高 4.1 厘米

用已施好青釉的玉璧底碗坯切割
而成，一侧可见明显的切痕，碗
壁上挖一圆孔，圆孔两侧各刻一
"合"字。灰白胎。边沿粘连窑渣。

158. 火照（TN15E05 ①：24）

huozhao-temperature testing sherd

唐代（618 ～ 907 年）

残长 11.8、残高 3.5 厘米

灰白胎，用已施好青釉的碗坯切割而成，一侧可见明显的切痕，碗壁上挖一圆孔，圆孔一侧刻一"好"字。

159. 火照（TN15E05 ③：4）

huozhao-temperature testing sherd

唐代（618～907 年）
残长 15.9、高 5.2 厘米

由已着化妆土、施釉的玉璧底碗坯切割而成。碗壁近底足
处挖一直径约 2.5 厘米的圆孔，圆孔两侧在碗外壁有釉处各
刻写一"吉"，刻痕较深，可见胎骨。口沿刮釉，有粘疤。

160. 火照（TN20E05 ①：4）

huozhao-temperature testing sherd

唐代（618～907 年）
残长 9.6、残高 4.0 厘米

用碗坯切割而成。在碗坯下腹部近底处挖一长
径约 3.0、短径约 1.5 厘米的椭圆形孔洞，其旁
刻一"宕"字，刻痕穿破釉层深入胎骨，应为
碗坯着釉之后所刻。内壁满施青釉，外壁施半
釉，釉层剥蚀较严重。

后　记

为配合长沙铜官窑国家考古遗址公园及其配套服务设施项目的建设，湖南省文物考古研究所于 2010、2011、2012、2015、2016 年多次在长沙铜官窑遗址开展考古调查发掘工作。2017 年考古遗址公园及相关建设项目暂告一段落，我们即时启动了整理工作，并申请到国家社会科学基金项目的资助。整理工作选择从 2016 年度石渚片区的考古发掘开始，有多方面的原因，从学术方面来说，主要出于以下几点：

第一，本次发掘出土的岳州窑类型瓷器有助于我们认识长沙窑与岳州窑的关系。第二，本次发掘出土了一批画工较精美的彩绘瓷器，其中部分器形和纹样以往罕见，刷新了我们对长沙窑彩瓷的认识。第三，本次发掘出土了与"黑石号"出水长沙窑瓷器同款风格的褐斑彩绘瓷碗、青瓷碗等产品，"黑石号"上部分长沙窑瓷器的产地应该就在石渚，"黑石号"出水"湖南道草市石渚盂子有明樊家记"题记碗所记载的樊家作坊或许就在石渚发掘区附近。第四，"石渚"曾是长沙铜官窑遗址的历史真姓名，是我们进入历史现场的关键词，石渚片区考古发掘的整理工作理应被放置在首要的位置。

窑址发掘标本量巨大，整理工作异常繁复，图录是快速公布考古工作主要成果的一种整理方式。考古报告资料发布要求有高度的完整性和客观性，而图录中所选用的文物标本体现了发掘者对自身工作的一个基本认识，二者相得益彰。图录还因为有高清晰度的文物照片而受到广大历史文物爱好者、研究者的青睐，在人力有限、不能快速出版考古报告的情况之下，图录可以让考古文物标本尽快与社会公众见面，发挥出更大的社会效益。

本图录的出版得到我所郭伟民所长、高成林副所长的大力支持和关心，也得到我所同仁的倾力帮助。杨盯拍摄了本图录部分器物底部照片，罗希描绘了图录名称中"焰红石渚"四字。我所科技考古与文物保护中心的邱玥、张晓英、赵志强、李梅英悉心指导了超景深三维显微镜等实验仪器的使用方法，没有这一支年轻科技考古团队的帮助或许就没有"高温釉上彩是长沙窑彩瓷的主流工艺"这一与当前主流观点相悖、可能会引起争议的认识。更全面的科技检测工作也正在我所科技考古与文物保护中心的实验室里展开，在这里，我们看到了科技考古的广阔前景。

感谢长沙铜官窑遗址管理处为本次整理工作提供了便利的场地。感谢吴小平先生、刘志广先生提供了用于显微观察的长沙窑仿烧品。感谢中央民族大学黄义军教授为本图录做了英文翻译。感谢北京大学考古文博学院崔剑锋老师对长沙窑彩瓷显微观察和科技检测工作的指导和帮助。感谢文物出版社为本图录的出版提供了大力帮助，不仅派专业摄影师到工作站进行器物拍摄，而且，责任编辑对文字、图片编辑、装帧设计，直到最后的印制无不严格要求。

最后，对所有参与长沙铜官窑遗址 2016 年石渚片区发掘和整理工作的同仁，所有关心、支持本次发掘及图录出版的领导、专家表示衷心感谢！

张兴国